KB053984

당신의 습관이 인생을 결정한다

습관 법칙
17

김옥림 지음

미래북
miraebook

습관 법칙17

1판 1쇄 인쇄 2016년 1월 25일
1판 1쇄 발행 2016년 2월 2일

지은이 김옥림
펴낸이 임종관
펴낸곳 미래북
편 집 정광희
본문디자인 서진원
등록 제 302-2003-000326호
주소 서울시 용산구 효창동 5-421호
마케팅 경기도 고양시 덕양구 화정동 965번지 한화 오벨리스크 1901호
전화 02)738-1227(대) | 팩스 02)738-1228
이메일 miraebook@hotmail.com

ISBN 978-89-92289-79-5 03320
값은 표지 뒷면에 표기되어 있습니다.
잘못된 책은 구입하신 서점에서 바꾸어 드립니다.

정상에 오르길 원하는 자는 습관의 강력한 힘을 인정하고
버릇이 습관을 만든다는 것을 알아야 한다.
우리는 반드시 낡은 습관을 버리고 좋은 버릇을 들여야 한다.
원하는 것을 이루도록 도와주는 습관으로 변화시키는 그런 버릇들 말이다.

-J. 폴 게티

17 KINDS OF
SUCCESS
HABITS

습관의 힘

• 한스 마그누스 엔첸스베르거 •

일상적인 사람들은 일상적인 사람들에게 보통 호감을 갖지 않는다.
그리고 그 반대이기도 하다.
일상적인 사람들은 사람들이 그들을 이상하다고 생각하는 것을
이상하다고 생각한다.
그러면 이미 그들은 더 이상 일상적인 사람들이 아니다.
그리고 그 반대이기도 하다.

사람들의 모든 것에 익숙해지는 것에
사람들은 익숙해져 있다.
사람들은 그것을 으레
일종의 학습과정이라고 한다.

몸에 밴 고통이 사라지면
고통스럽다.
남이 깨울 때 생기는 감정은
남이 깨웠다는 것 때문에 얼마나 힘든가!
단순한 인간은 예를 들면
단순한 사람인 것을 어렵게 생각한다.
반대로 복잡한 인간은

그들의 어려움을 토로한다.
믿음 있는 척하는 여자가 묵주를 부담스러워 하듯
어디서나 이미 끝난
이런 영원한 초보자들이 있다.
증오도 또한 일종의 사랑스런 습관이다.

아직 한 번도 존재하지 않은 것에
우리는 익숙하다.
아직 한 번도 있지 않았던 것이 바로
습관의 권리가 된다.
습관성 동물은 익숙해진 구석에서
바로 습관성 범죄자를 만난다.
그것은 전대미문의 사건이다.
늘 만나는 재미없는 것들,
고전주의자들은 그런 것에서
소설을 만드는 것에 익숙했었다.

조용히 힘의 습관이
습관의 힘에서 쉬고 있다.

풍요로운 삶을 위한
참 좋은 습관의 힘

　동서고금을 막론하고 성공한 이들은 좋은 습관을 가지고 있었다. 잘 길러진 좋은 습관은 그 어떤 성공의 조건보다도 우선한다. 아무리 좋은 환경을 갖고 있다고 해도, 강인한 신념을 지녔다고 해도, 좋은 학벌을 가졌다 해도 습관이 좋지 않으면 그것은 백해무익할 뿐이다.

　왜 그럴까?

　습관이 좋지 않으면 일관성 있게 목표를 향해 나아갈 수 없다. 일관성 없는 자세로는 그 어떤 일도 완성시킬 수 없기 때문이다. 하지만 좋은 습관은 일관성 있는 자세를 유지시켜 준다. 일관성 있는 자세는 무엇을 하든 좋은 결과를 낳게 한다. 일관성 있게 어떠한 일을 해나가면 빈틈이 생기지 않고 간혹 곁길로 새다가도 이내 제자리를 찾아가는 데 방향키 역할을 하기 때문이다. 그렇기에 좋은 습관을 기르는 것은 좋은 환경을 갖는 것 이상으로 중요하다.

　영국의 시인 키츠가 말하기를 "습관은 제2의 천성"이라고 했다.

또 미국의 저명한 심리학자인 윌리엄 제임스는 "삶의 질은 당신의 습관에 의해 결정된다."고 했다. 그리고 이어 말하기를 "부정적인 결과를 긍정적인 보상으로 바꾸고 싶다면 지금 당장 습관을 바꿔야 한다."고 했다. 미국의 저술가인 오그 만디노는 "포기하는 방법을 배우는 순간, 그것은 습관이 된다."고 했으며 미국의 영향력 있는 저술가이자 강연자인 나폴레온 힐은 "성공의 가장 중요한 원칙은 한 걸음 더 나아가는 습관을 기르는 것이다."라고 말했다.

키츠, 윌리엄 제임스, 오그 만디노, 나폴레온 힐의 말에서 보듯 습관이 인간의 삶에 미치는 영향이 긍정적인 측면에서든 부정적인 측면에서든 매우 크다는 것을 잘 알 수 있다.

성공한 인생이 되어 만족하게 살고 싶다면 좋은 습관을 길러야 한다. 그리고 자신이 가장 잘하는 일에 목표를 세우고 강인한 신념과 ·실천으로 선심전력을 다해야 한다. 그러나 최상의 방법을 알고 있어도 행동하지 못하는 게 인간들의 맹점이다. 인간이란 똑똑

하면서도 어리석은 동전의 양면성을 가진 존재이다.

모든 문제는 늘 자신에게 있다. 잘되는 것도 못되는 것도 자신의 책임이다. 물론 열심히 했는데도 생각대로 되지 않는 게 우리 인생이기도 하다.

저명한 강연자이자 저술가인 노만 빈센트 필 박사는 "자기 자신을 믿어라. 자기의 재능을 인정하라. 그러나 자신의 능력에 겸손하고 확고한 신념이 없다면 성공할 수 없고 행복할 수 없다. 신념이야 말로 가장 빛나는 성공의 원천이다."라고 말했다. 노만 빈센트 필 박사가 제시한 성공의 키워드인 강인과 신념과 좋은 습관이 접목된다면 자기가 목표로 하는 것을 확실하게 이룰 수 있을 것이다.

성공하고 싶은 욕망이 가슴속에서 꿈틀거리며 못살게 굴 땐 이 책에서 제시하는 '자기를 주도하는 17가지 습관적 마인드'를 하나씩 따라서 해보라. 그리고 한 가지 당부하는 것은 결코 서두르지 말고 천천히 습관을 들이라는 것이다. 당신 인생은 당신의 것이고 당신만이 당신을 가장 행복하게 할 수 있는 존재이다.

　'좋은 단지를 가지고 있으면 그날 중에 사용하라. 내일이면 깨져 버릴지도 모른다.' 이는 《탈무드》에 나오는 말이다.

　이 말이 의미하는 것처럼 오늘 자신이 해야 할 일을 미루지 말아야 한다. '내일 하면 되지' 하는 순간, 이미 그 일은 남의 것이 될 수도 있다. 그것을 결코 잊어서는 안 될 것이다.

　이 책이 풍요로운 삶을 꿈꾸는 모든 분들에게 '빛과 소금'이 되었으면 한다.

2016년 1월 참 좋은 날
김옥림

차 례

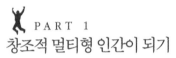

PART 1
창조적 멀티형 인간이 되기

PART 2
이기는 습관 기르기

PART 3
신념을 습관화하기

PART 4
날마다 자신을 새롭게 하기

부록 1 신념형 마인드 12가지

부록 2 삶을 새롭게 변화시키는 참 좋은 말 102가지

생각이 바뀌면 습관이 바뀌고
습관이 바뀌면 생활이 바뀐다.

인생을 행복하게 살고 싶다면

창조적 멀티형
인간이 되기

CHAPTER 01

자신을 사랑하고 존중하라

자신을 사랑하라

인생을 행복하게 살고 싶다면 자신을 사랑하는 사람이 되어야한다. 스스로를 사랑하면 세상도 나에게 은총을 베풀어 준다. 하지만 스스로를 하찮게 여기면 세상도 당신을 하찮게 여긴다. 이세상에서 나 자신보다 더 소중한 사람은 없다. 그런데 이런 평범한 사실을 알고도 자신을 스스로 깎아내리고 우습게 여긴다. 그래서일까, 그런 사람 입에서는 늘 불평 불만이 끊이지 않는다.

"누구는 살나가는데 나는 왜 요 모양 요 꼴이냐?"

"나는 차라리 태어나지 않았으면 더 좋았을 거야."

"내 미래는 안개가 낀 것처럼 불투명해. 아, 하루하루가 내겐 왜 이리도 힘든 것일까?"

이처럼 스스로가 자신을 힐책하고 형편없는 좀팽이로 만들어 버린다. 이런 어처구니없는 일을 반복하면서도 한편으로는 자신이 잘 되길 바라고 행복해지길 원한다. 이런 모순의 악순환을 거듭하면서 하루하루를 죽이기 때문에 오던 성공도, 행복도 다른 곳으로 가버리는 것이다.

《어려움을 이기는 10가지 법칙》이란 책을 출간한 지 보름째 되던 날, 나는 한 통의 전화를 받았다. 그는 30대 중반의 나이로, 피치 못할 사정에 의해 직장을 그만두었다고 했다. 그래서 한동안 마음고생을 많이 했다며 그동안 자신이 겪었던 일들을 조심스럽게 이야기했다. 무언가를 해보려고 해도 자신감이 없었는데《어려움을 이기는 10가지 법칙》을 보고 자신감을 얻었다며 나에게 조언을 들으면 더 큰 희망을 얻을 것 같아 용기를 내서 전화를 했다고 말했다. 나는 그의 말을 듣고 몇 가지 이야기를 해 주었다.

첫째, 자신을 사랑하라고 했다. 그는 자신의 실수로 직장을 그만둔 것에 대해 많이 위축돼 있었다. 그리고 자신은 세상에서 가장 멍청한 존재라고 여기고 있었다. 그의 말을 듣고 나는 실수는 누구나 다 하는 일상의 일이라며 위로해 주었다. 그러자 그는 대뜸 "선생님도 실수를 하십니까?"라고 물었다. 나는 웃으며 나도 실수를 잘 한다고 말해 주었다. 그러자 그는 다소 안도하는 것 같았다. 나는 이어 그렇다고 해서 나 자신을 함부로 여겨 비관하지 않고 나를 사랑한다고 말했다. 그리고 자신을 사랑하면 용기를 낼 수 있고 자신이 하는 일에 최선을 다할 수 있다고 말했다. 그러자 그는 자신이 너무 극단적으로만 치우쳤다는 것을 알았다며 이제부턴 자신을 아끼고 사랑하겠다고 말했다.

두 번째는 작은 일부터 시작하라고 했다. 그는 새로운 일을 시작하려고 하니 지난날 자신의 실수를 또 다시 반복할까봐 겁이 난다고 했다. 나는 지난 일을 잊지 않되 그 일에 매달려 자신을 낭비하지 말라고 힘주어 말했다. 그는 자신에 대해 지독한 불만과 편견에 사로잡혀 있었던 것이다. 나는 혹여 실패를 해도 큰 손해가 따르지 않는 일부터 시작하라고 했다. 지난날 공무원이었던 신분에 대한 체면도, 누구의 눈치도 보지 말고 '지금의 나'만 생각하고 시작하라고 했다. 그는 내 말에 용기를 낼 수 있을 것 같다며 자신 있게 말했다.

세 번째로는 변화를 두려워하지 말라고 했다. 그는 자신의 과오로 인해 몇 년을 아무것도 하지 않은 채 지내왔다. 시시각각 변화하는 현실을 피해 그는 마음의 감옥에 갇혀서 시간을 죽이고 있었던 것이다. 급변하는 현실에서 도태되지 않으려면 날마다 자신을 갈고 닦아도 경쟁에서 뒤처지는 게 현실이다. 그런데 몇 년을 과거에 얽매인 채 살아왔으니 새롭게 시작한다는 게 그에겐 당연히 두렵고 무서웠을 것이다. 나는 변화에 따르지 못하면 도태될 수밖에 없다는 현실론을 강조하고, 현실 감각을 키우는 데는 독서가 제격이라며 다양한 책 읽기를 추천했다. 그리고 지난 몇 년 동안의 정치, 경제, 문화 등 사회 전반에 대한 기록들을 인터넷과 잡지, 신문 매체를 통해 숙지하라고도 일러주었다.

나는 그가 새로운 일을 시작하는 데 도움이 될 만한 마인드를 세 가지의 관점에서 말해 주었지만 궁극적으로는 결국 자신을 사랑하라는 말이었다. 그리고 그의 진정성 있는 삶을 기원해 주었다. 그는 나를 알게 돼 정말 행운이라며 감사해했고, 나는 누군가에게 작은 용기를 줄 수 있음에 감사했다.

자신을 사랑한다는 것은 자신에게 주어진 삶을 사랑하는 일이며 행복하게 하는 일이다. 그래서 자신을 사랑하는 사람은 자신을 위해 노력하고 매사에 최선을 다한다. 자칫 잘못하다 보면 자신의 소중한 인생을 자신이 그르칠 수 있다는 생각에서다.

"자신을 진정으로 사랑하기 위해서는 자신의 능력으로 무엇인가에 최선의 노력을 다해야 한다. 자신의 다리로 높은 곳, 즉 자신의 목표를 향해 걷지 않으면 안 된다. 하지만 그것은 고통이 따른다. 그러나 그것은 마음의 근육을 단련시키는 고통이다."

독일의 철학자 프리드리히 니체의 말이다. 니체의 말에서도 알 수 있듯 자신을 사랑하기 위해서는 자신이 하는 일에 최선을 다해야 한다. 그리고 어떤 시련과 고통도 꿋꿋이 참아내야 한다. 노력 없이 자신을 사랑한다는 것은 어불성설이다. 자신을 사랑하는 일은 땀을 흘리는 일이며 열정을 갖고 노력해야만 하는 가치 있는 일이다. 그냥 오는 행복과 결과는 요행일 뿐이다. 그것이 자신을 사랑하는 일이라고 착각하는 것을 경계하라.

자신을 존중하라

자신을 사랑하는 일은 이해가 되겠지만 자신이 자신을 존중하라는 얘기는 어딘지 모순이 있는 말처럼 여겨질 것이다. 그러나 이는 지극히 당연한 일이며 반드시 그렇게 해야만 하는 일이기도 하다.

자신의 삶을 성공적으로 이뤄낸 사람들의 몇 가지 특징 중에서 가장 돋보이는 것은 바로 자기 자신을 사랑하고 존중하는 태도를 가졌다는 것이다. 그들은 자신을 누구보다도 사랑하고 존중했다. 자신이 스스로를 존중하면 몇 가지 긍정적인 변화가 일어난다.

첫째, 자신을 더욱 아끼고 사랑하게 된다. 자신이 존중하는 사람을 대할 땐 최대한 겸허하고 공손하게 예를 다한다. 그렇게 할 때 존중하는 사람으로부터 더 큰 사랑과 관심을 받게 된다. 마찬가지로 자신을 존중하면 스스로 그만큼 소중한 사람이라는 인식이 싹트게 된다. 이런 인식이 들면 자신을 함부로 여기지 않게 된다. 자신을 함부로 여기는 것은 자신을 불행에 빠뜨리는 일이라는 것을 알기 때문이다. 따라서 자신을 존중하는 일에 더 열중하게 되고, 그것은 곧 자신을 아끼고 사랑하는 일이라고 굳게 믿는다.

둘째, 목표가 뚜렷하고 실천력이 강해진다. '나는 행복하기 위해 태어난 존재'라는 인식을 하게 되면 자신이 하는 일에 대한 목표의식이 뚜렷해진다.

생각해 보라. 자신이 사랑하는 사람에게 잘 해주기 위해선 어떤 노력이라도 기꺼이 하질 않는가. 마찬가지로 자신을 사랑하기 위해서는 목표의식이 뚜렷해져야 하고 실천력이 강해져야 한다. 누구든 자신은 이 세상에서 오직 하나뿐인 유일한 존재이다. 자신을 존중하라. 그리하면 목표가 뚜렷해지고 실천력이 강해진다.

셋째, 모든 일에 감사하며 살게 된다. 자신을 존중하는 사람은 모든 일에 감사할 줄 안다. 당신의 주변에 감사해야 할 것들이 어떤 것이 있는지를 곰곰이 생각해 보라.

우선 가족이 있을 것이다. 그리고 자신의 일과 직장이 있을 것이다. 또한 사랑하는 사람도 있을 것이다. 친구들도 있을 것이고 직장 동료도 있을 것이고 존경하는 스승이 있을 것이다. 게다가 일용할 한 끼의 따뜻한 밥이 있을 것이고, 한 잔의 커피가 있을 것이고, 피로에 지친 몸과 마음을 편히 쉬게 해줄 집이 있을 것이고, 정서를 풍부하게 해줄 책이 있을 것이고, 따뜻한 햇볕과 맑은 공기와 물이 있을 것이다.

지금 당장 감사한 것들을 100가지 세어보라. 감사한 것이 많을수록 행복한 사람이다. 행복한 사람은 자신을 존중하기에 삶을 함부로 살지 않는다.

넷째, 언제나 꿈을 잃지 않는다. 자신을 존중하는 사람은 나이가 팔십이 넘고 백 살이 넘어도 꿈을 꾼다. 그 꿈이 이루어지든 이루어지지 않든 언제나 가슴엔 푸른 꿈이 강물처럼 흐른다. 꿈을 꾸는 사람의 모습은 한 송이 꽃처럼 아름답고 향기가 난다. 꿈은 품고 있는 것만으로도 아름답다.

다섯째, 자선하는 일을 즐거워하게 된다. 자신을 존중하는 사람은 남을 존중하고 도와주는 마음이 강하다. 그러다 보니 늘 남을 돕는 일에 적극적이다. 남을 돕는 일은 자신을 돕는 일이고 존중하는 일이라고 믿기 때문이다.

자신을 함부로 하는 사람을 보라. 그런 사람은 남을 도울 줄 모른다.

왜 그럴까?

남을 돕는 것이 자신을 즐겁게 한다는 것을 모르기 때문이다. 남을 돕는 일은 단순히 남을 돕는 게 아니다. 자신이 행복해지는 일이다. 그리고 그것은 자신을 존중하는 일이다.

자신을 사랑하면 길은 반드시 열린다

"우리의 생명은 무엇보다도 소중하다. 우리는 소중한 것에 대해 충실하지 않으면 안 된다."

이는 '20세기의 성자'라고 불리는 슈바이처의 말이다. 소중한 것에 대해 충실하지 않으면 안 된다는 그의 말은 자신의 존엄성에 대해 잘 말해주고 있다.

"자기의 인생을 완성시키기 위해서는 가장 먼저 스스로를 존중하라."

이는 프리드리히 니체의 말이다. 자기의 인생을 완성시키는 일은 곧 성공적인 삶을 의미한다. 니체의 말처럼 자신의 인생을 완성시키기 위해서는 자신을 존중하고 사랑해야 한다. 노력하지 않고는 그 어떤 행복도 성공도 없다.

지금 우리 사회는 풍요 속의 빈곤에 시달리고 있다. 가진 자들은 산더미처럼 재물을 쌓아두고도 더 많이 가지려고 가난한 자들의 주머니를 기웃거린다. 남을 돕는 일에는 극도로 인색하다. 또한 청년들의 실업률은 날이 갈수록 늘어만 간다. 국민총생산액은 날로 증가하지만 그 영향은 국민들의 피부에 와 닿지 않는다.

삶의 목적을 잃어버린 청춘들이 길을 잃고 방황하고 있다. 자살률은 OECD(국제개발경제협력기구)에서 1위를 차지한다. 매우 불쾌한 일이 아닐 수 없다. 그러나 용기를 잃고 자신을 함부로 여겨서는 안 된다. 오히려 자신을 사랑하고 아껴야 한다. 자신이 자신을 아끼지 않으면 누가 자신을 아끼고 사랑하겠는가. 자신에 대한 사랑과 존중하는 마음을 갖고 최선을 다하라. 최선을 다하는 사람에게 길은 반드시 열릴 것이다.

슈바이처와 프리드리히 니체는 한 시대를 열정과 의지로 불태우며 살다 간 영원한 청춘이다. 그들이 그처럼 한 시대를 풍미할 수 있었던 것은 자신의 말처럼 소중한 것을 위해 충실했으며 스스로를 사랑하고 존중하며 자신의 인생을 완성시켰기 때문이다.

인생은 레드 카펫이 깔려 있는 멋진 길이 아니다. 블루 카펫을 깔든 레드 카펫을 깔든 그것은 오직 자신의 힘으로만 할 수 있는 일이다. 이 사실을 한순간도 잊지 마라. 그것을 잊는 순간 자신의 인생도 쓸쓸히 마침표를 찍고 말 것이다.

자기 인생 완성시키기

자기의 인생을 완성시키기 위해서는 자신을 사랑하고 스스로를 존중해야 한다. 자기의 인생을 완성시키는 일은 곧 성공적인 삶을 의미한다. 따라서 성공적인 인생이 되기 위해서는 자신이 하는 일에 최선을 다하고, 어떤 시련과 고통도 꿋꿋이 참아내야 한다. 노력하지 않고 오는 그 어떤 행복도 성공도 없다.

CHAPTER 02

유대인에게 배워라

탈무드적 인간

유대인들은 정치, 금융, 경제, 예술, 문학, 언론, 과학, 학술 등 모든 분야에서 두각을 나타내며 민족의 우수성을 인정받고 있다. 특히 금융과 경제 부분에서 뛰어난 능력을 과시하며 뉴욕 맨해튼 월가를 움켜쥐고 있다. 뉴욕 금융가를 쥐락펴락한다는 것은 세계 금융계를 움켜쥐고 있다는 것을 의미한다.

유대인들은 전 세계에 흩어져 살고 있는데 본토인 이스라엘 인구까지 합치면 우리나라 3분의 1 수준인 1,600만 명에 불과하다. 그런데 이처럼 적은 인구로 어떻게 전 세계의 모든 분야에서 그토록 뛰어난 능력을 발휘할 수 있을까?

그것을 한마디로 정의한다면 유대인들은 '탈무드적 인간(Talmudic Person)'이기 때문이다. 탈무드적 인간이란《탈무드》를 통해 사색하고, 통찰하고 연구하여 새로운 생각을 발견해 내는 '창조적 멀티형 인간'을 말한다.

유대인들은 어떤 틀에 갇혀있는 것을 매우 싫어한다. 틀에 갇혀있다는 것은 고정관념에 빠져있다는 것이고, 현실에 안주하는 것이라고 생각하기 때문이다. 그래서 그들은 언제나 새로운 것을 좋아하고 생각이 한군데로 고정되는 것을 극도로 싫어한다. 그러다보니 그들은 주입식 공부보다는 토론식 수업을 좋아하고, 어떤 논제에 대해 자신의 의견을 다양하게 표출하는 것을 즐긴다.

다양한 의견이 좋은 것은 그 의견이 모여 새로운 생각을 만들어내고, 그 생각으로 지금과는 다른 새로운 것을 시도할 수 있기 때문이다. 이것이 탈무드적 인간이 갖추어야 할 기본 자세이며 유대인들은 이를 통해 누구나 탈무드적 인간으로 살아간다.

유대인의 놀라운 성공 비결은 바로 하나를 배워도 깊이 배우는 '탈무드적 인간' 즉 '창조적 멀티형 인간'이기 때문이다.

탈무드적 인간의 특징

탈무드적 인간에게는 몇 가지 특징이 있다.

첫째, 공기 인간이다. '공기 인간'을 '루프트멘슈'라고 하는데 이 말은 이디쉬어(동유럽 유대인들의 언어로 독일 방언이라고 함)로 '루프트(공기)'와 '멘슈(인간)'의 합성어이다. 공기 인간이란 공기처럼 가벼워서 어디든지 스며들 수 있고, 누구에게든지 필요한 사람이라는 뜻이다.

공기는 바늘구멍보다 작은 틈만 있어도 어디든지 스며든다. 거침이 없다. 틈만 있으면 그곳이 어디든 스며들어 자신의 존재를 드러내는 게 공기다. 또한 공기는 사람이든 동물이든 나무든 꽃이든 살아 있는 모든 것들에게 소중한 존재이다. 공기가 잠시라도 사라진다면 살아남을 생명체는 하나도 없다. 그만큼 공기는 절대적 가치를 지닌 존재이다. 이처럼 유대인들은 적응력이 뛰어나고 잡초 같은 강인한 생명력을 가지고 있어, 누구나 필요로 할 만큼 유능한 능력의 소유자들이다. 그들이 공기 인간이 될 수 있었던 것은 크게 두 가지 이유 때문이다. 하나는 그들의 종교인 유대교에 근거한다. 유대인은 예수 그리스도를 믿지 않는다. 그들은 하나님만 유일신으로 믿는다. 그러다 보니 앞장서서 예수 그리스도를 박해했다. 그리고 로마제국으로부터 나라를 빼앗기고 2천 년 동안 전 세계에 뿔뿔이 흩어져 치욕적인 삶을 살아야 했던 것이다.

1948년 이스라엘이 건국하기까지 그들은 다른 민족으로부터 온갖 박해를 받으며 살아왔다. 이탈리아에 가면 그들이 집단으로 모여 살던 '게토'라는 지역이 따로 있을 정도다. 그만큼 유대인들은 철저한 경계의 대상이었고, 따라서 좋은 직업도 가질 수가 없었다. 그들의 삶은 하루하루가 숨막히도록 치열했다. 유대인들은 살기 위해 강해질 수밖에 없었고 또한 처세술에 능할 수밖에 없었다.

유대인이 공기 인간이 될 수밖에 없었던 또 다른 이유는 그들에겐 조상대대로 내려오는 지혜서인《탈무드》가 있었기 때문이다.

유대인 어머니들은 자식이 태어나면《탈무드》를 읽어 주었다.《탈무드》에는 사람이 살아가는 데 있어 필요한 모든 지식과 정보가 들어있다.《탈무드》는 단순한 지혜서가 아니라 살아 있는 대백과사전인 것이다. 이처럼 방대한 지식과 지혜를 어린 시절부터 배우고 익히며 자란 유대인들은 어른이 되어서도《탈무드》를 손에서 놓지 않는다. 이렇게 해서 길러진 지식과 지혜를 바탕으로 유대인들은 창의성이 뛰어난 민족이 되었고, 전 세계에서 가장 우수한 민족으로 인정받고 있다.

유대인들이 2천 년을 떠돌며 잡초처럼 살았지만 불굴의 의지로 쓰러지지 않고 뛰어난 민족이 될 수 있었던 것은, 극한 상황에서도 적응력이 뛰어난 공기 인간이었기 때문이다.

둘째, 배움을 매우 중시했다. 유대인들은 배움을 매우 중요시한다. 그래서 그들은 배우는 일에 소홀히 하지 않는다. 늘 배우고 익히는 것을 즐긴다. 그들의 공부 방법은 알고 있는 지식을 머리에 집어넣는 것이 아니라, 자신만의 개성적이고 창의적인 생각을 끄집어낸다. 그들은 둘 이상만 모이면 토론을 즐긴다. 그리고 수수께끼를 통해 새로운 생각을 찾아낸다. 이처럼 유대인들의 교육은 생산적이고 창의적이고 늘 새로운 것을 추구한다. 그래서 그들은 현실에 안주하는 것을 싫어한다. 삶은 시시각각 변하는 것이므로 그 변화에 자신을 맞추어 그 변화의 주체가 되기를 원한다.

이런 창의적이고 생산적인 공부가 유대인의 공부법이다. 한마디로 말하면 '자기주도식' 공부인 셈이다. 유대인은 자기주도식 공부를 통해 하나를 배워도 깊이 배운다. 그렇게 해서 배운 공부는 오래도록 머리에 남아 새로운 환경에 맞닥뜨리게 되면, 거기에 맞게 유감없이 적용함으로써 실력을 인정받는 것이다.

셋째, 창조적 세계관을 가졌다. 유대인은 고여 있는 생각을 지극히 경계하고 싫어한다. 그렇게 해서는 지금보다 나은 삶을 추구할 수 없다고 생각한다. 이러한 생각이 유대인을 지금에 머무르게 하지 않고 앞으로 나아가게 한다. 마치 추진력을 가진 엔진처럼 그들의 머리는 쉴 새 없이 돌아간다. 빠르게 돌아가는 머리를 채우기 위해서 그들은 늘 읽고, 쓰고, 생각하고, 토론한다.

그들은 어린 시절부터 이런 방법에 아주 익숙해져 있다. 그것은 부모로부터 배운 학습법이고, 자신이 부모가 되면 자신이 그랬던 것처럼 자녀에게 가르침을 준다. 이러한 능동적인 자세가 유대인을 창조적이고, 이상적이고, 진보적인 세계관을 갖게 한 것이다.

넷째, 낙천적인 인생관을 지녔다. 유머는 사람과 사람 사이의 관계를 부드럽고 따뜻하게 해준다. 처음 본 사람도 유머를 즐기는 사람에게 친근감을 느끼고 서먹함이 사라지며 막힌 혈관을 뚫어 피가 잘 돌게 하듯, 사람과 사람 사이의 관계를 매끄럽게 이어줌으로 해서 목적하는 일을 유리하게 만들어 준다.

유대인들은 척박하고 힘든 환경 속에서도 유머를 즐겼다. 그들이 낙관적이고 긍정적인 사고방식을 갖게 된 것도, 유머를 즐길 줄 아는 여유로운 마음에 있다.

유머는 유대인에게는 삶의 일부분이고, 지혜를 기르는 수단이고, 인간관계를 맺는 처세술이다. 유머 없는 유대인은 생각할 수 없고, 그들에게 유머가 없다면 유대인은 더 이상 유대인이 아니다. 유머는 유대인을 탁월하게 만드는 중요한 요소이다.

다섯째, 합리적인 인간관을 지녔다. 유대인들은 매우 합리적인 인관관계를 지녔다. 가령 돈을 빌려주고 그 돈을 받을 때 상대방이 돈을 갚지 못하면, 그 사람을 공격하거나 비난하거나 난처하게 만들지 않는다. 어떻게든 돈만 받아내면 그뿐 그 외에는 달리 생각하지 않았다. 이런 인간관계는 상대방을 적으로 만들지 않았고, 오히려 더 좋은 인생의 파트너로 유지시켜 나가게 했다.

그래서일까? 유대인들은 만들어진 권위를 좋아하지 않는다. 그들은 만들어진 권위는 허위라고 본다. 허위란 보이기 위해 만들어진 허상과 같은 것이라고 생각하는 것이다. 이런 그들의 사고방식은 난처한 상황에 직면했을 때 그것을 피해갈 수 있는 지혜를 갖게 해 그들이 성공할 수 있는 원동력이 되어주었다. 합리적인 사고는 그들이 성장하는 데 있어 필수 요소였다.

유대인들이 전 세계적으로 가장 우수한 민족이 될 수 있었던 것은 이 다섯 가지 조건을 갖춘 '탈무드적 인간'이었기 때문이다.

대표적인 탈무드적 인간

우주의 특수 상대성이론을 발견하여 20세기 최고의 물리학자로 추앙받는 알버트 아인슈타인, 정신분석학의 창시자인 프로이트, 미국 외교의 달인 헨리 키신저, 만유인력을 발견한 뉴턴, 공산주의 창시자 마르크스, 음악가인 멘델스존, 루빈스타인, 레너드 번스타인, 쿠바 혁명가 체 게바라, 투자의 귀재 조지 소로스, 세계

영화계의 거장 스티븐 스필버그 등 이들은 모두 유대인들로, 대표적인 탈무드적 인간 유형에 속한다. 게다가 역대 노벨상 수상자들 중에도 유대인들이 많다. 전 세계 인구 대비 0.2퍼센트에 불과한 1,600만 유대인들이 받은 노벨상은 전 분야에 걸쳐 약 30퍼센트에 이른다. 경이롭고 놀라운 일이다.

유대인들이 이처럼 놀라운 두각을 나타내는 것은 그들은 '탈무드적 인간' 즉, 그들이 '창조적 멀티형 인간'이기 때문이다.

현재 우리 사회는 초등학생은 물론 중·고교생, 대학생들까지 다양한 분야의 스펙 쌓기에 몰입되어 있다. 스펙 쌓기는 더 좋은 학교에 진학하기 위한, 더 좋은 직장에 취업하기 위한 방편이다. 그러나 아쉬운 것은 유대인들처럼 창조적인 것이 아닌 만들어진 것을 그대로 답습하고 받아들이는 현상이다. 이런 주입식 스펙 쌓기는 그냥 스펙일 뿐이다.

우리말에 '성공을 하려면 한 우물을 파야 한다'는 말이 있다. 하지만 이 말은 수정되어야 한다. 현대에는 시시각각 변화하는 상황에 맞출 수 있는 창조적 멀티형 인간을 원한다. 창조적 멀티형 인간이 되기 위해서는 다양한 분야에 대한 상식을 길러야 한다.

창조적 멀티형 인간이 되기 위해서는 많은 시간과 열정을 쏟아부어야 한다. 왜냐하면 사회 각계각층의 요구에 부합하지 못하면 자연히 도태될 수밖에 없기 때문이다. 뒤처지고 싶지 않다면 창조적 멀티형 인간이 되라.

우리 사회의 대표적인 창조적 멀티형 인간으로는 컴퓨터바이러스 치료의사에서 카이스트 석좌교수를 거쳐 정치가로 변신한 안철수, 우리나라 음악감독 1호인 박칼린, 경제전문가이자 시골의사라는 별칭을 갖고 있는 박경철, 다양한 음악을 소화하며 천부적인 재능을 유감없이 보여주는 조영남, 우리나라의 경제신화를 이룬 현대그룹 창업주인 정주영, 칸 영화제 및 국제영화제에 확실하게 이름 석 자를 각인시킨 영화감독 이창동 등을 들 수 있다.

이들이 창조적 멀티형 인간이 되기 위해 흘린 땀과 열정의 무게는 보통의 사람들이 상상할 수 없는 그 이상이다. 화려한 수식어가 따라붙는 그들의 겉모습만 보고 그들처럼 되려고 하지 마라. 진정성 있는 자세로 노력하지 않는 한 결코 그들처럼 될 수 없다.

갈수록 이 사회는 더 많은 것을 요구할 것이다. 그런 환경 속에서 뒤처지지 않고 당당하게 살아가려면 반드시 창조적 멀티형 인간이 되어야 한다. 창조적 멀티형 인간은 21세기의 새로운 인간형이다.

탈무드적 인간

탈무드적 인간에게는 몇 가지 특징이 있다. 첫째, 어떠한 환경에서든지 공기처럼 스며들어 적응하는 공기 인간이다. 둘째, 배움을 매우 중시했다. 셋째, 창조적 세계관을 가졌다. 넷째, 낙천적인 인생관을 지녔다. 다섯째, 합리적인 인간관을 지녔다. 유대인들이 전 세계적으로 가장 우수한 민족이 될 수 있었던 것은 이 다섯 가지 조건을 갖춘 탈무드적 인간이기 때문이다.

CHAPTER 03

자유롭게 사고하고
극단적인 결정은 피하라

자유로운 사고는 창의성의 근원이다

고정된 생각은 변화를 싫어하고 항상 같은 생각에 머물기를 좋아하여 마치 그 생각이 불변의 진리인 양 여기는 것이다. 이런 생각이 새로운 생각의 발목을 잡는다는 것을 잘 모른다. 그래서 이런 생각을 가진 사람은 발전이 없다. 늘 그 자리에 머물 뿐이다.

지금보다 나은 자신이 되기 위해서는 지금이란 시점을 넘어서야 한다. 가령, 내가 목표로 하는 것이 강을 건너고 산을 넘는 것이라면 강을 건너고 산을 넘어야 한다. 생각만 가지고는 강을 건너고 산을 넘을 수 없다. 강이 두렵다거나 산을 넘기가 힘들어서 주저한다면 자신이 원하는 것을 손에 쥘 수 없다.

마르셀 프루스트는 "진정 무엇인가를 발견하는 여행은 새로운 풍경을 바라보는 것이 아니라 새로운 눈을 가지는 데 있다."고 말했다. 이 말은 무엇을 발견하기 위해서는 보는 것으로 끝나는 것이 아니라 본 것을 통해 새로운 눈, 즉 새로운 생각을 가져야 한다는 것이다.

옳은 말이다. 사람은 누구나 보고 즐길 줄 안다. 하지만 느끼고 생각하는 것은 다르다. 그것은 그런 마음의 바탕이 되어 있지 않으면 안 된다.

"변화를 유도하면 리더가 되고 변화를 받아들이면 생존자가 되지만, 변화를 거부하면 죽음을 맞게 될 뿐이다."라고 레이노는 말했다. 이 말 역시 변화에 대한 중요성을 강조하고 있다. 새로운 것을 얻기 위해서는 반드시 변화해야 한다.

마르셀 프루스트의 말이나 레이노의 말은 표현 방식이 다를 뿐, 새로운 것을 찾기 위해서는 새로운 눈을 가져야 하고, 새롭게 변화해야 한다는 의미에서는 같은 이야기다. 그렇다면 새로운 눈을 갖는 것과 변화는 자유로운 사고와 무슨 관계가 있을까?

새롭게 변화하기 위해서는 자유로운 사고가 절대적이다. 생각이 자유롭지 못하면 새로운 생각을 하거나 새롭게 변화하는 데 걸림돌이 된다. 고정된 생각으로 바라보려는 습성을 버리지 못하기 때문이다.

자유로운 사고를 기르기 위해서는 어떻게 해야 할까?

첫째, 새 술은 새 부대에 담아야 한다는 것을 절대적 진리로 믿고 실행하라. 둘째, 지금이라는 현실에 안주하지 마라. 안주하는 순간 그대로 주저앉고 만다. 셋째, 새로운 생각을 찾기 위해서는 다양한 분야의 책을 읽고, 정보를 수집하고, 새로운 생각을 가진 사람들의 말을 귀담아 새겨라. 그리고 할 수만 있다면 그들과 교류하라. 넷째, 상상의 세계를 즐겨라. 상상의 세계는 비현실적이지만 지금 우리가 누리고 사는 문명의 혜택은 상상을 즐기는 사람들에 의해서다. 그들은 상상의 즐김을 통해 새로운 문명을 만들어 낸 것이다.

자유로운 사고는 하고 싶은 대로 하는 생각이 아니다. 자유로운 생각 속엔 싱싱한 변화의 에너지가 들어있어야 한다. 싱싱한 변화의 에너지가 지금을 바꾸고 변화를 유도하고 세상을 바꾸는 것이다.

극단적인 결정은 피하라

무슨 일을 결정할 때 감정에 치우치는 경우가 종종 있다. 감정에 치우치다 보면 감정의 늪에 휘말려 극단적인 결정을 하게 된다. 극단적인 결정은 자신이나 상대방에게 좋지 않은 영향을 준다. 특히 자신에겐 치명적일 수 있다.

극단적인 상황에서도 침착하게 앞으로 벌어질 일을 생각하며 대처하는 민족이 있다. 그들은 바로 유대인들이다.

유대인들은 극단적인 것을 피한다. 가령 돈을 받을 사람이 있다고 치자. 그런데 상대방이 형편이 어려워 돈을 갚지 못한다든가, 어떤 이유로 돈을 갚지 못할 땐 그 사람이 돈을 다 갚을 때까지 그를 비난하거나 욕하지 않는다. 그들은 돈만 받으면 그만이고, 나중에 그 사람과 더 좋은 관계가 될 수 있다는 게 그들의 생각이다.

만일 그 사람을 협박하고, 헐뜯고 비난한다면 채무 관계가 끝났을 때 원수가 될 수도 있다는 생각을 하는 것이다. 그들은 멀리 내다보며 사람과의 관계를 맺고 유지한다. 그런데 대개의 사람들은 이런 경우 비난을 하고 협박을 하며 돈을 받아내기 위해 혈안이 된다. 그리고 채무 관계가 끝났을 땐 원수처럼 지내는 것을 참 많이도 봐왔다. 극단적인 생각은 지극히 위험한 생각이다. 남에게 아픔을 주고 평생 지울 수 없는 마음의 상처를 남긴다.

유대인은 온갖 설움과 핍박을 받으며 살았지만 남을 미워하거나 원망하지 않는다. 즉, 과거는 잊지 않되 그것으로 인해 현실을 망각하지 않는 것이다. 이처럼 그들은 매우 이성적이고 현실적인 사람들이다.

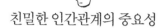

친밀한 인간관계의 중요성

"처세에 있어 한 발자국 사양함을 높이 평가하니 양보하는 것은 곧 나아갈 밑천이 되는 것이고, 사람을 대접함에는 한 발자국 물러서서 너그러움을 베푸는 것을 복이라고 한다. 남을 이롭게 하는 것은 자신을 이롭게 하는 바탕이다."

이는 홍사성의《채근담》에 나오는 말이다. 이 말처럼 인간관계에서 양보하고, 사람을 대접하는 것은 곧 자신을 위하는 일인 것이다. 만약 당신이 양보를 받고 대접을 받았다고 하자. 당신은 그를 위해 어떻게 할 것인가? 당신은 분명 그를 좋은 사람이라 생각하고 그와 친밀한 인간관계를 맺고 싶어 할 것이다.

"무엇보다도 물 같이 행동하는 것이 필요하다. 방해물이 없으면 물은 흐른다. 둑이 있으면 머무른다. 둑을 치우면 또 흐르기 시작한다. 물은 이 같은 성질이 있기 때문에 가장 필요하며 가장 힘이 강하다."

이는 노자의 말이다. 노자의 말에서 보듯 물처럼 살 수 있다면 매우 효과적인 인간관계를 맺게 되고, 그로 인해 만족한 삶을 살아가게 될 것이다. 왜냐하면 상황에 따라 물이 흐르듯 그때그때마다 상내방에게 맞게 행동한다는 것은 상대에게 믿음을 주고 신뢰하게 만들기 때문이다.

"마음에 없는 말을 하기보다는 오히려 말을 하지 않는 것이 얼마나 더 사교성을 손상시키지 않는 것인지 모른다."

이는 프랑스 사상가 몽테뉴의 말이다.

그렇다. 마음에 없는 말은 공허하게 들린다. 그래서 진정성이 느껴지지 않는다. 때문에 마음에 없는 말은 하지 않는 게 좋다. 사실 우리 주변에 이런 사람들을 종종 보게 된다. 그들은 마음에 없는 말을 함으로써 상대방에게 신뢰를 잃게 된다.

홍사성의 말이나 노자, 몽테뉴의 말은 친밀한 인간관계를 맺는 자세에 대해 잘 말해주고 있다. 그렇다면 즉시 실행하라. 실행함으로써 친밀한 인간관계를 맺게 되고 유기적인 인간관계를 통해 발전적이고 희망적인 삶을 살게 될 것이다.

자유로운 사고 기르기

자유로운 사고를 기르기 위해서는 첫째, 새 술은 새 부대에 담아야 한다는 것을 절대적 진리로 믿고 실행하라. 둘째, 지금이라는 현실에 안주하지 마라. 안주하는 순간 그대로 주저앉고 만다. 셋째, 새로운 생각을 찾기 위해서는 다양한 분야의 책을 읽고, 정보를 수집하고, 새로운 생각을 가진 사람들의 말을 귀담아 새기고 그들과 교류하라. 넷째, 상상의 세계를 즐겨라. 상상의 세계는 새로운 길을 가게 한다.

CHAPTER 04

꿈과 열정으로
자신을 새롭게 코디하라

꿈과 열정이 있는 삶을 살아라

꿈이 있는 사람의 얼굴엔 언제나 미소가 꽃처럼 피어있다. 눈이 초롱초롱 빛나는 생기 있는 모습은 보는 것만으로도 즐겁다. 꿈은 사람에게 에너지를 불어넣어 준다. 그래서 꿈이 있는 사람은 활력이 넘치고 매사를 긍정적으로 생각하며 능동적으로 행동한다. 하지만 꿈이 없는 사람은 시든 들꽃처럼 생기가 없고 매사를 부정적으로 생각하며 행동은 언제나 수동적이다.

꿈이 있고 없고는 한 사람의 인생을 극과 극으로 벌려 놓는다. 꿈이 있는 사람은 행복하게 살아가지만 꿈이 없는 사람은 삶을 불행이라고 여긴다.

여기서 분명히 해둬야 할 것이 있다. 그것은 열정이 함께 하는 꿈이라야 하는 것이다. 아무리 찬란하게 빛나는 꿈을 품고 있어도 그 꿈을 실현시키려는 열정이 없다면 그것은 진정한 꿈이라고 할 수 없다. 꿈은 그것을 성취하려는 열정과 의지가 함께 할 때 꿈으로써 가치가 있는 것이다.

남아프리카 공화국 첫 흑인 대통령인 넬슨 만델라. 그는 코사족 자치구인 움타타에서 템프족 추장의 아들로 태어나 대학에서 법을 공부했다. 그는 변호사로 잘살 수 있는 길을 버리고 흑인들의 인권 운동을 하기 위해 호랑이 굴로 뛰어들었다. 당시 남아프리카 국민들은 소수 백인들의 지배 아래에서 학대를 받으며 살고 있었다. 만델라는 이것이 매우 불평등하다고 생각했다. 그래서 이를 개선하기 위해 백인들과 맞서기로 한 것이다. 그는 소수 백인들로부터 흑인들의 주권을 찾기 위해 몸과 마음을 다 바치기로 결심했고 그것은 곧 그의 꿈이 되었다.

그러나 그의 생각대로 세상을 바꾸기란 여간 힘든 일이 아니었다. 백인들은 남아프리카 최상류층으로서 국가의 옹호 아래 탄탄한 지배력을 행사하는 힘 있는 사늘이었다. 모든 것이 백인 위주로 형성된 사회구조를 허물고 새로운 사회를 형성한다는 것은 지지층이 빈약한 그에게는 너무나 힘든 일이었다. 하지만 만델라는 포기하지 않았다. 길이 없는 꽉 막힌 형상이었지만 그는 꿈의 열정을 멈추지 않았다. 그는 한 가지 묘안을 생각해냈다. 그것은 바로 세계 언론에 자신들의 투쟁에 대한 정당성을 알리는 것이었다. 그는 자신의 뜻을 분명하고 단호하게 주장했다. 그 결과는 매우 놀라웠다. 그동안 그들에 대해 관심조차 갖지 않던 세계 언론들은 관심을 기울이며 경쟁적으로 보도했다. 그렇게 해서 유엔을 비롯한 세계 각국으로부터 관심을 끌어들이는 데 성공했다. 그는 그 일로 투옥과 출소를 반복하는 고통을 겪으면서도 결코 자신의 꿈을 포기하지 않았다.

그 후 만델라는 그 공로를 인정받아 노벨 평화상을 수상하며 끝내는 남아프리카 공화국 최초의 흑인 대통령이 되었다. 만델라가 흑인들의 인권을 지켜내고 대통령이 될 수 있었던 것은 꿈을 안고 열정적으로 백인들과 맞서 싸워 이겼기 때문이다.

인생은 한 권의 책과 같다

장 파울은 "인생은 한 권의 책과 같다."고 했다. 이는 인생을 한 권의 책으로 비유해서 한 말인데 매우 의미 있는 비유이다. 책을 읽을 때 내용을 제대로 이해하기 위해서는 정독을 해야 한다. 그래야 내용이 어떠하며 주제가 무엇인지를 알 수 있다. 하지만 수박 겉핥기식으로 책을 읽으면 그 내용이 어떠한지 주제는 무엇인지를 잘 파악할 수가 없다.

한 권의 책을 읽는 것도 이럴진대 자신의 인생을 대충 산다는 것은 있을 수 없는 일이다. 그렇다면 이야기는 분명해진다. 자신의 인생을 자신이 공들이지 않으면 안 된다는 말이다. 다시 말해 잘 살아야 한다는 말이다.

브라질 출신의 세계적인 작가 파울로 코엘료. 그는 대표작《연금술사》로 우리에게 매우 친숙한 작가다. 자아를 찾아가는 한 젊은이의 여정을 그린 마치 동화 같은 소설은 어린왕자의 순수성을 보는 듯한 착각에 빠지게 한다.《베로니카 죽기로 결심하다》,《피에트라 강가에서 나는 울었네》,《11분》,《오자히르》등 그의 작품은 성경을 우화로 풀어쓴 듯 가깝게 다가온다. 특히《연금술사》는 전 세계적으로 3,000만 부나 팔린 초베스트셀러이다.

그는 처음부터 소설가의 길을 선택한 것은 아니었다. 그는 꿈 많은 10대 시절 세 차례나 정신병원에 입원한 병력을 가지고 있나. 그리고 청년시절에는 브라질 군사 독재에 항거하며 반정부 활동을 펼치다 두 차례나 감옥에 갇혀 고문을 당했다. 그 후에는 히

Think out side the box

피문화에 빠져 록밴드를 결성하고 120여 곡을 써서 브라질 록음악에 막대한 영향을 끼쳤다. 그리고 저널리스트, 배우, 희곡작가, 연극 연출가, 텔레비전 프로듀서 등 다양한 분야에서 일을 하며 자신의 영역을 넓혀나갔다.

하지만 그는 1982년에 떠난 유럽여행에서 신비로운 체험을 한 뒤 세계적인 음반회사 중역자리를 버리고 산티아고 데 콤포스텔라로 순례를 떠났다. 그리고 그 경험을 《순례자》라는 소설로 쓰며 작가의 길로 들어섰다. 그는 이듬해 그의 성공작인 《연금술사》를 썼고, 그 후 성공한 작가로서 전 세계에 폭넓은 독자층을 가지고 있다.

그는 프랑스 정부로부터 '레지옹 도뇌르' 훈장을 받았다. 그리고 그는 브라질에 '코엘료 인스티튜트'라는 비영리 단체를 설립해 빈민층 어린이와 노인들을 위한 자선사업을 벌이고 있다. 또한 그는 2007년부터 유엔평화대사로 활동하고 있다. 한마디로 그는 누구보다도 치열하게 살아왔고, 그 결과 행복하게 살아가는 이 시대의 위대한 작가가 된 것이다.

항상 자신을 새롭게 코디하라

새롭다는 것, 그것은 아침에 마시는 신선한 생수의 이미지를 갖고 있다. 새로운 일, 새 친구, 새 직장, 새 희망 등 새롭다는 것은 뜨거운 열정을 갖게 만든다. 어떤 사람들은 사는 것이 즐겁다고 말하는데 어떤 사람들은 사는 게 곤혹이라고 말한다. 사는 게 즐겁다고 하는 사람은 자신을 늘 역동적이고 창의적이게 한다. 하지만 사는 게 곤혹스럽다고 하는 사람은 자신을 늘 게으르고 수동적인 고정관념에 빠지게 한다.

그렇다면 어떻게 해야 지루하지 않고 즐겁게 살 수 있을까? 그 해답은 간단하다. 항상 자신을 새롭게 코디하는 것이다. 자신의 마음, 자신의 생각, 자신이 하는 일에 새로운 에너지를 불어 넣으면 된다. 자신을 새롭게 코디하는 방법에 대해 알아보자.

첫째, 자신의 생각이 녹슬지 않도록 새로운 정보를 습득하라. 생각이 녹슬면 퇴보할 수밖에 없다. 자신을 뒤처지게 한다는 것은 자신의 인생에 대한 모독이다. 둘째, 책을 읽고 정서를 풍부하게 하라. 정서가 풍부해야 인지능력도 좋아지는 것이다. 셋째, 성공 노트를 준비하라. 자신감을 길러주고 긍정적인 생각을 갖게 하는 글을 적어 마음에 새겨라. 넷째, 하루 일과 중 잘한 일과 잘못한 일을 점검하라. 잘한 것은 지속적으로 행하고 잘못한 일은 즉시 시정하라. 다섯째, 나보다 나은 사람의 습관을 배워 따라서 해보라. 좋은 습관은 성공적인 인생이 되는 데 밑거름이 되어줄 것이다. 여섯째, 오늘을 내 인생의 마지막인 듯이 살아라. 그런 마음을 갖고 살면 한순간도 자신을 소홀히 할 수 없게 되고 더욱 자신을 새롭게 하는 데 집중하게 된다.

한 권의 책을 정독하여 내용과 주제를 완전히 파악하듯 자신의 풍요로운 인생을 위해 최선을 다하라. 그것은 돈으로도 살 수 없고 누가 대신 해줄 수도 없다. 반드시 자신이 스스로 해야 한다. 그래야 온전히 자신의 것이 되니까 말이다.

성공한 인생들의 가장 특별한 성공 요소는 자신의 인생을 위해 온 힘을 기울여 열정을 쏟았다는 것이다. 최선을 다하는 열정은 '성공의 비타민'이다.

당신도 인생을 풍요롭게 살고 싶을 것이다. 그렇다면 문제는 간단하다. 당신이 하는 일에 열정과 정성을 다하라.

자신을 새롭게 코디하기

자신을 새롭게 코디하기 위해서는 첫째, 자신의 생각이 녹슬지 않도록 새로운 정보를 습득하라. 생각이 녹슬면 퇴보한다. 둘째, 책을 읽고 정서를 풍부하게 하라. 셋째, 성공노트를 준비하라. 자신감을 길러주고 긍정적인 생각을 갖게 하는 글을 적어 마음에 새겨라. 넷째, 하루 일과 중 잘한 일과 잘못한 일을 점검하라. 다섯째, 성공습관을 배워라. 좋은 습관은 성공하는 데 밑거름이 되어준다. 여섯째, 오늘이 인생의 마지막인 듯 살아라.

PART 2

끈기와 용기를 발휘하여

이기는 습관
기르기

CHAPTER 05

폭넓은 상식은
대인관계를 끌어올린다

폭넓은 상식을 길러라

상식은 사회생활의 기본이다. 상식이 풍부하면 할수록 대인관계에서 유리한 입장으로 대화를 이끌어 낼 수 있다. 많이 안다는 것은 많은 기회를 가질 수 있다는 것과 일맥상통한다. 많이 알면 다양한 계층의 사람들을 만났을 때도 자연스럽게 대화를 유도해 나갈 수 있다. 사람들은 대개 많이 아는 사람에게 믿음을 보이고 그와의 관계를 자연스럽게 받아들이는 경향이 있다.

그것은 많이 아는 사람을 알고 지내면 손해 볼 것이 없다는 심리 때문이다. 즉, 자신에게 득이 된다는 생각을 한다. 그 사람을 통해 무언가를 배울 수 있고 도움을 구할 수 있다고 생각하는 것이다. 그렇다면 실례를 들어보자.

어떤 사람이 자신이 모르는 것을 물어보았을 때 친절하게 설명해주었다고 하자. 그랬을 때 어떤 반응을 보일지를 생각해보라.

"덕분에 잘 알았습니다. 정말 고맙습니다."

상대방은 자신이 모르는 것을 알게 된 것에 대해 고마움을 표할 것이다. 그러면 상대방에게 좋은 인상을 심어주게 되고 그로 인해 소통이 자연스럽게 이뤄진다. 사람이란 영악한 데가 있어 자신에게 도움이 된다면 그 기회를 잡으려고 한다. 그리고 그런 기회를 제공하는 사람을 가까이 하려고 한다.

많은 상식을 길러야 한다는 것은 자신의 인생을 좀 더 폭넓게 살 수 있다는 것을 의미한다. 다만 한 가지 주의할 것은 자신의 앎을 자랑해서는 안 된다는 것이다. 자신의 앎을 자랑하면 사람이 가벼워 보여서 오히려 마이너스가 되는 것이다. 학문은 익히고 배우되 그것을 자랑해서는 안 된다. 학문은 모름지기 자신의 덕을 쌓고 인생을 가치 있게 살아가는 데 필요한 수단으로 여겨야 한다. 그것이 배움의 본질이고 가치인 것이다.

상식은 많은 사람과 나누어야 한다. 자신이 알고 있는 것을 십분 발휘한다면 대인관계를 보다 폭넓게 이끌어 낸다는 것을 잊지 마라.

상식은 대인관계를 끌어올린다

내가 잘 아는 유능한 자동차 세일즈맨이 있다. 그는 늘 자신이 알고 있는 상식을 작은 책자로 만들어 가지고 다니며 자신이 만나는 고객에게 나누어 준다. 그는 자동차 기본 정비에 관한 상식은 물론 자동차 보험에 관한 상식 그리고 주식 및 경제에 관련된 상식, 건강에 관한 상식, 심지어는 문학에 대한 상식 등 다양한 상식들을 배우고 익혔다.

언제나 그의 차에는 메모지와 사전, 각 일간지 및 시사 잡지, 시집 등이 놓여 있다. 그는 시간이 날 때마다 책을 읽고 잡지와 신문을 읽는다.

"차 안이 마치 작은 도서관 같아. 없는 게 없네."

그의 차를 보는 사람들은 하나같이 이렇게 말한다. 그럴 때마다 그는 빙그레 웃으며 말했다.

"하루가 다르게 변하는 요즘 게으르면 안 되겠더라고요. 잠시만 게으르면 모르는 것 투성이에요."

그의 말은 많은 사람들을 공감하게 했다. 그가 나누어 주는 책은 비록 작지만 꽤 알찬 정보로 가득하다. 그를 잘 아는 사람들은 그를 '차 박사'라고 부른다. 그리고 자동차를 구매할 때는 그에게 구매를 했다. 그는 언제나 영업지점 내에서 1등 세일즈맨이다. 그는 많은 상식을 통해 고객들과 자연스럽게 소통하고 그로 인해 자신이 하는 일에 큰 도움을 얻고 있다. 물론 그렇게 하기 위해서는 남보다 부지런해야 하고, 책자를 만드느라 돈도 더 들지만 그는 자신만의 방법을 통해 인생을 풍요롭게 가꾸어 가고 있다.

소크라테스나 플라톤을 비롯한 서양 철학자들은 물론 공자와 장자, 노자, 김종직, 이이, 이황, 정약용 등 동양 학자들은 자신이 알고 있는 것을 통해 많은 사람들과 소통을 했고, 그로 인해 많은 가르침을 나눌 수 있었다. 안다는 것은 중요하다. 하지만 혼자만 아는 것은 앎으로써의 의미가 없다. 자신 혼자만의 앎은 나눔이 없기 때문이다. 나눔이 없다는 것은 인간과 인간관계의 단절을 의미한다. 진정으로 안다는 것은 자신의 앎을 타인에게 나누어 줄 때 성립되는 것이다.

나는 가끔 대학이나 중·고등학교에서 특강을 하는데 그 어느 때보다도 즐겁고 신난다. 내가 전하는 얘기를 통해 그들이 좀 더 가치 있고 보람 있는 인생을 살 수 있게 된다면 그것은 내겐 매우 감사한 일이기 때문이다.

그리고 가끔씩 독자들이 전화를 해서 자신이 모르는 것을 물어올 때가 있다. 그러면 나는 내가 알고 있는 만큼 성실하게 답해준다. 어느 땐 30분 이상을 통화하기도 한다. 더군다나 한창 몰입하

여 글을 쓰다가 전화를 받으면 좋은 생각이 달아나 버릴까봐 걱정
도 되지만 그렇다고 전화를 끊을 수는 없기에 성의껏 질문에 응한
다. 어쨌든 나의 설명으로 독자들이 감사하다고 말할 땐 작가로서
보람을 느낀다. 이처럼 인터넷이나 유선을 통해 앎을 나누는 것도
불특정 다수인들과 소통하는 것이므로 나에게는 매우 유익한 일
이다.

상식을 풍부하게 한다는 것은 많은 소통의 기회를 가지는 좋은
수단임을 알고 많은 상식을 쌓는 일에 게으름이 없어야겠다.

상식의 가치

"모르는 것을 묻지 않는 것은 쓸데없는 오만이며 아무것도 아
니다."

이는《탈무드》에 나오는 말인데 질문하지 않는 사람에 대한 깨
우침을 주는 문장이다.《탈무드》는 모르면서 아는 척 하는 것을 경
계한다. 아무리 하찮은 것도 의문이 들면 질문해야 한다는 것이
다. 그리고 답을 아는 사람은 질문에 답을 해야 한다. 이것이《탈무
드》가 말하는 상식 즉, 앎에 대한 자세이다.

유대인을 말할 때 '책의 민족' 또는 '배움의 민족'이라고 한다. 유

대인들은 배움을 통해 인간의 가치를 키워나간다. 그들은 둘, 셋만 모이면 자신이 알고 있는 것을 말하며 토론한다. 배움이 한 사람에게만 머무는 것이 아니라 서로가 서로에게 나누는 것이다. 즉, 배움의 품앗이인 셈이다. 그리고 배움의 나눔을 통해 소통한다. 이렇듯 배움은 유대인들에겐 소통을 의미한다.

《탈무드》에는 '책을 읽는다'고 하지 않는다. '배우는 것이다'라고 쓰여 있다. 이는 읽어서 알고만 있어서는 안 된다는 것을 말한다. 책을 통해 자신만의 새로운 지혜를 구해야 한다는 것이다.

배움이란 쌓아두기만 하면 안 된다. 내가 알고 있는 것은 모두에게 나누어 주어야 한다. 그것이 진정한 배움의 가치인 것이다.

배움을 단지 취직을 하기 위한 수단으로 여기는 우리의 관점으로 볼 땐 매우 형이상학적인 이야기처럼 여겨질지도 모른다. 하지만 인간과 인간관계의 원활한 소통을 위해 배움의 나눔처럼 훌륭한 가치를 지니는 것은 없다.

상식이란 보편적이고 일반적인 지식으로부터 보다 전문적이고 깊이 있는 지식에 이르기까지 모두 망라되어야 한다는 것이 내 생각이다.

가령 내과 의사가 있다고 하자. 그는 내과 분야에 있어서는 전문가다. 하지만 음악에 대한 전문가는 아니다. 그렇다면 내과 의사로서 음악에 대한 많은 상식을 갖고 있다면 어떨까. 단지 자기

분야의 지식으로 무장한 사람보다는 더 많은 소통의 기회를 갖게 될 것이다. 소통이란 참 중요한 것이다. 인간관계에서 소통이 이루어지지 않는다면 그것처럼 비참한 일은 없을 것이다.

《탈무드》가 가르치는 상식의 가치인 배우고 나누는 일에 대해 소홀함이 없다면 자신의 인생을 좀 더 풍요롭고 좀 더 가치 있게 살아가지 않을까 한다.

진정한 소통의 가치

혼자만의 앎은 나눔이 없다. 나눔이 없다는 것은 인간과 인간관계의 단절을 의미한다. 진정으로 안다는 것은 자신의 앎을 타인들에게 나누어 줄 때 성립되는 것이다. 상식을 풍부하게 한다는 것은 많은 소통의 기회를 갖게 하는 좋은 수단이다. 그러므로 많은 상식을 쌓는 일에 게으름이 없어야 한다.

CHAPTER 06

시련은 강한 정신력을 만든다

시련은 승리의 어머니다

유대인은 어지간한 시련과 고난은 시련과 고난으로 여기지도 않는다. 그들은 어떤 민족보다도 강한 정신력을 갖고 있는데, 그 것은 오랜 세월 시련을 겪으면서 길러진 민족성 때문이다. 유대인은 시련이 클수록 더욱 강한 끈기와 용기를 발휘하여, 그 어떤 고난도 슬기롭게 극복하고 승리로 이끌어낸다. 마치 활활 타오르는 불길에 담금질이 되어 단단한 칼이 되듯, 그들은 시련과 역경 속에서 강한 민족이 되었던 것이다. 시련과 고난은 유대인들에게 아픔을 주었지만, 그들은 시련과 고난을 승리의 원동력이 되게 했다.

미국의 정치학자이며 정치가이자 핵전략 전문가인 헨리 키신저. 그는 유대인계 이민자로 1943년 미국에 귀화하여 하버드 대학을 졸업하고 제2차 세계대전에 참전했다. 그리고 1956년부터 1960년까지 참모본부 병기체제평가 고문에 임명되었고, 1957년 하버드 대학 국제문제센터 부소장에 취임했다. 그는 1956년엔 '핵무기와 무기정책'을 발표하며, 대량보복 전략을 비판하여 많은 관심을 집중시켰다. 이후 '한정 전쟁론'을 주창하였고, 1958년 하버드 대학 방위연구 계획팀장에 임명되었다. 그리고 1969년 닉슨 대통령에게 발탁되어 안보담당 특별 보좌관에 임명되었고, 세계 여러 분쟁 지역을 다니며 활발한 활동을 펼쳐 '외교의 달인'이라는 별칭이 붙은 탁월한 외교행정가다. 그는 1973년 베트남 전쟁을 종결지어 지겨운 전쟁에 종지부를 찍게 했다. 그 후 국무장관으로 발탁되어 세계 평화에 기여한 공로로 노벨 평화상을 수상했다.

헨리 키신저가 미국에서 크게 성공할 수 있었던 것은, 어떤 상황에서도 두려워하지 않는 강인한 정신력을 가졌기 때문이다. 그는 낯선 미국에서 살기 위해 온갖 고생을 하며 공부했지만, 늘 긍정적으로 생활했다. 공부만이 그가 살 수 있는 유일한 길이었기에 시련 따위는 그에게 아무것도 아니었다. 키신저는 마음이 약해질 때마다 자신이 해내지 못하면, 자신의 꿈을 이룰 수 없다고 스스로에게 굳게 다짐시켰고, 최선을 다한 끝에 세계 최강인 미국의 국무장관에 오른 인물이 되었다. 시련과 역경이 오히려 그에겐 꿈을 이루는 힘이 되었던 것이다.

　미국 망명인 유대인으로서 성공한 또 한 사람인 마이클 블루멘탈. 그 역시 히틀러에게 쫓겨나 중국 상하이로 갔다가 다시 미국으로 갔다. 미국에 도착했을 때 그의 주머니엔 아무것도 없었다. 하지만 그는 당황하거나 두려워하지 않았다. 그에겐 꿈이 있었고 그 꿈을 이루기 위해서는 무슨 일이든 할 각오가 되어 있었다.

　그는 자신에게 주어진 시련과 역경을 극복하며, 열심히 노력한 끝에 미국의 재무장관이 되었다. 블루멘탈의 성공 비결 또한 시련을 두려워하지 않는 강한 정신력에 있었다. 강한 정신력은 절망 중에서도 희망을 갖게 하고, 불가능한 일에서도 가능성을 바라보게 한다. 키신저와 블루멘탈이 빈털터리로 미국에서 성공할 수 있었던 것은 시련을 뛰어넘는 용기와 의지에 있다.

　똑같이 주어진 환경 속에서 어떤 사람은 승리자가 되고, 또 다른 어떤 사람은 실패자로 전락한다. 인생의 승리자가 되려면 강한 정신력을 길러야 한다. 그리고 아무리 고통스러운 시련이 주어져도 두려워하지 말고 꾸준히 밀고 나가야 한다. 그것이 성공비결이다.

진정으로 강한 사람

진실로 강한 사람은 남을 이기는 자가 아니라 자신을 이기는 사람이다. 사람은 누구나 상대방의 허점은 잘 보지만, 자신의 허점은 알아도 그냥 넘어가려고 하는 습성이 있다. 이것이 자신을 나약하게 만드는 원인인 것도 모른 채.

유대인은 자신을 이기는 일에 매우 익숙하다. 그들은 자신을 이기지 못하면 아무것도 할 수 없는 못난이라고 스스로를 자책한다. 이처럼 강한 근성이 그들을 강한 민족으로 만든 것이다.

지휘자이자 피아니스트인 바렌보임은 1942년 아르헨티나에서 태어났다. 부모가 모두 피아니스트여서 어린 시절 신동이란 소리를 들을 만큼 음악적 재능이 뛰어났다. 그는 7살 때 베토벤 프로그램으로 독주회를 열어 천재적 가능성을 보여주기도 했다.

바렌보임 가족은 이스라엘로 이주했고, 10세 때 이스라엘 재단 장학금으로 오스트리아 잘츠부르크 모차르테움 음악원에 입학해 피아니스트의 꿈을 키워나갔다. 그는 이곳에서 피아니스트 에트빈 피셔에게 피아노를 배움과 동시에, 당대 최고의 지휘자로 손꼽히는 이고르 마르게비지로부터 지휘법을 배웠다. 그 후 마에스트로 푸르트벵글러에게 인정받아 솔리스트로 기용되어 음악인들을 놀라게 했다. 그리고 1954년 파리로 유학하여 교수법의 일인자인 나디아 불랑제에게 사사하고, 그 이듬해 로마 성 체칠리아 음악원에서 카를로 체키에게 피아노와 지휘법을 사사했다.

그는 1957년에 레오폴드 스토코프스키가 지휘하는 '심포니 오브 디 에어'와의 협연을 통해 정식으로 미국 음악무대에 데뷔하며 많은 사람들로부터 찬사를 받았다. 그 후 이스라엘 필하모닉과 런던 교향악단, 베를린 필하모닉, 뉴욕 필하모닉, 로스엔젤레스 필하모닉, 시카고 교향악단, 런던 필하모닉 등 세계 유수의 악단을 객원 지휘했다. 바렌보임은 1975년 파리관현악단 4대 음악감독으로 취임해, 자신만의 오케스트라를 이끌며 자신의 능력을 유감없이 보여주었다.

바렌보임이 지휘자와 피아니스트로 성공할 수 있었던 것은 그의 천재적 재능에도 있지만, 그보다는 자신과의 싸움에서 이겼기 때문이다. 그도 사람인지라 때때로 견딜 수 없을 만큼 힘든 일을 겪었을 것이다. 하지만 그는 절대 포기하거나 물러서지 않고 시련과 맞서 싸웠다. 그는 특유의 강한 근성으로 자신을 이겨냈고, 마침내 세계적인 마에스트로가 된 것이다.

자신을 이겨낸다는 것은 가장 힘들고 어려운 일이지만, 자신을 이겨내야만 꿈을 이룰 수 있다. 자신을 이기는 것은 결국 모두를 이기는 것이다. 자신을 이기기 위해서는 어떻게 해야 할까? 그것은 자신을 이기는 습관을 기르는 것이다.

자신을 이기는 습관

01 자신과의 약속을 철저히 지켜야 한다. 자신과의 약속을 잘 지키는 사람이 자신에게 강한 사람이다.

02 무슨 일이든 최선을 다해야 한다. 최선을 다하는 자세가 자신을 강하게 만든다.

03 자신의 허점을 감추지 말아야 한다. 허점을 감추는 사람은 절대로 강해질 수 없다.

04 아홉 번 쓰러지면 열 번 일어나야 한다. 그 끈질긴 정신이 자신을 강하게 만든다.

05 항상 긍정적인 말과 행동을 해야 한다. 긍정하는 마음이 자신을 강하게 변화시킨다.

사람은 누구나 강해질 수 있다. 그리고 자신을 이겨낼 수 있다. 사람은 충분히 그럴만한 능력을 부여받은 창조적인 동물이다. 그런데 그렇게 하지 못한다면 그것은 오직 의지가 약하기 때문이다.

굳은 의지와 신념으로 자신을 이겨내고 멋진 인생의 승리자가 되어라.

강함의 의미

진실로 강한 사람은 남을 이기는 자가 아니라 자신을 이기는 사람이다. 사람은 누구나 상대방의 허점은 잘 보지만, 자신의 허점은 알아도 그냥 넘어가려고 하는 습성이 있다. 이것이 자신을 나약하게 만든다. 진정으로 강해지고 싶다면 자신에게 엄정하고 타인에겐 관대하라.

CHAPTER 07

친화적인
마인드를 길러라

한마디 말도 신중하게 하라

말을 할 땐 매우 신중하게, 조심스럽게 해야 한다. 한마디 말에
도 그토록 조심해야 하는 것은, 잘못된 말 한마디가 일순간 공든
탑을 와르르 무너뜨리기 때문이다.

잘못된 말 한마디는 세상을 뒤흔들 만큼 강력한 힘을 가지고 있
다. 그만큼 말의 폭발력은 매우 강하다는 말이다. 말은 가려서 해
야 하고, 같은 말도 지혜롭게 해야 떡이 되어 돌아오는 법이다.

말을 조심해서 해야 함을 일깨우는 두 가지 이야기가 있다.

〈첫 번째 이야기〉

어떤 장사꾼이 있었다. 이 장사꾼은 시내 거리 구석구석을 누비며 큰 소리로 외쳤다.

"참된 삶의 방법을 살 사람 없습니까? 나는 진실한 삶의 방법을 알고 있습니다. 진실한 삶의 방법을 사실 분은 다 내게로 오시오!"

장사꾼이 그럴듯한 말을 하자 여기저기서 사람들이 몰려들기 시작했다.

"참된 삶의 방법을 판다고? 그게 과연 뭘까?"

"글쎄. 그런 방법도 판다니, 우리 한번 들어나 보자고."

"그래, 그러자고."

사람들은 저마다 한마디씩 하며 호기심 어린 눈으로 장사꾼을 쳐다보았다. 그 가운데는 훌륭한 지혜를 갖고 있는 랍비도 여러 명 있었다. 랍비들도 그 장사꾼이 과연 무슨 말을 하는지 귀를 곤두세우고 똑바로 쳐다보았다. 장사꾼 주위는 어느새 구름 떼같이 몰려든 사람들로 넘쳐났다.

"여러분! 이렇게 모여 주셔서 감사합니다. 여러분들도 참된 삶의 방법을 알고 싶은 거로군요."

장사꾼은 얼굴에 함박웃음을 지며 말했다.

"어서 그 방법에 대해 말해 보십시오!"

"그래요. 우린 바쁜 사람이오. 어서 말해 보시오. 그 비결이 무엇인지!"

사람들은 웅성거리며 기대에 찬 얼굴로 어서 말을 하라며 여기 저기서 재촉했다.

"그렇게 하지요. 삶을 참되게 사는 방법은, 자신의 혀를 함부로 사용하지 않는 것이오."

장사꾼이 이렇게 말하자 어떤 사람들은 고개를 끄덕이며

"그래, 옳은 말이야. 혀란 잘 사용하면 금은보화보다도 소중하지만 잘못 사용하면 독약보다도 나쁜 것이지." 라고 말했다.

"쳇, 난 또 무슨 대단한 비밀이라도 말하는 줄 알았잖아. 원 싱거운 사람 같으니라고."

어떤 사람들은 별것 아니라는 듯 못마땅한 표정으로 장사꾼을 쳐다보았다.

〈두 번째 이야기〉

한 랍비가 있었다. 어느 날 랍비는 하인을 시켜 아무리 비싸더라도 가장 맛있는 것을 사오라고 시켰다.

"주인님, 주인님께서 말씀하시는 것은 어떤 것이라도 상관이 없습니까?"

"그래. 그러니 맛만 있으면 된다. 맛있는 걸로 사오너라."

"네, 알겠습니다."

하인은 시장으로 부리나케 갔다. 무엇을 살까 이리저리 궁리를 하다 혀를 사 가지고 돌아왔다.

"주인님, 여기 있습니다."

하인은 혀를 내놓으며 말했다.

"오, 그래. 네가 사온 것이 혀란 말이냐?"

"네, 주인님."

"오냐, 수고했다."

이틀 뒤 랍비는 또 하인에게 심부름을 시켰다.

"오늘은 맛이 없더라도 값싼 것을 사 오너라."

"네, 주인님."

하인은 이번에도 이리저리 궁리를 하다 혀를 사 가지고 왔다. 랍비는 하인을 넌지시 바라보며 말했다.

"너는 내가 비싸더라도 맛있는 음식을 사오라고 했을 때에도 혀를 사왔고, 맛은 상관없으니 값싼 음식을 사오라고 이른 오늘도 혀를 사 가지고 왔으니, 대체 그 까닭이 무엇이냐?"

"혀가 좋을 때는 한 없이 좋지만, 나쁠 때는 그보다 더 나쁜 것은 그 어디에도 없기 때문입니다."

하인은 주저 없이 자신의 생각을 말했다. 그러자 랍비는 고개를 끄덕이며 말했나.

"오, 그래. 그럴 수도 있겠구나. 과연 현명한 생각이로구나."

주인의 칭찬에 하인은 활짝 웃었다.

이는 《탈무드》에 나오는 이야기다. 혀는 신체 중에서 작은 기관에 불과하지만, 사람의 생각을 말하게 하고, 상대방과 말을 주고받게 하는 역할을 한다. 혀가 없으면 말을 하고 싶어도 말을 할 수가 없다.

사람에게 말은 아주 중요하다. 말은 잘하면 천 냥 빚도 갚지만, 잘못하면 자신의 명예는 물론 모든 것을 잃을 수 있다.

친화적인 마인드를 길러라

말을 잘하는 사람은 상대방에게 믿음을 주고 기쁘게 한다. 말을 잘하는 사람은 사교적이고 친화적인 마인드를 갖고 있기 때문이다. 그래서 말 잘하는 사람이 좋은 이미지를 심어주고, 자신의 일을 성공시키는 확률이 높다. 말을 잘하는 사람을 싫어할 사람은 없으니까 말이다. 친화적인 마인드를 갖기 위해서는 어떻게 해야 할까?

첫째, 예의를 지키고 몸가짐을 바르게 해야 한다. 같은 말도 상대방이 듣기 좋게 하고, 기분 나쁜 인상을 주지 않도록 조심해야 한다. 둘째, 상대방이 하는 말에 귀를 기울여야 한다. 자신의 말을 진지하게 들어줄 때 호감을 갖게 되는 것이다. 말을 잘 들어주는 것은 아주 좋은 대화법이다. 셋째, 상대방이 좋아하는 관심사에 대해 말하는 것이 좋다. 사람은 누구나 자신의 관심사에 호응해 주는 사람을 좋아한다. 넷째, 이야기 도중 적절하게 칭찬 비법을 활용해야 한다. 자신을 칭찬해 주는 사람에게 믿음을 갖는 법이니까. 다섯째, 행동거지에 있어 경거망동하는 일이 없어야 한다. 경거망동하면 천박해 보여 신뢰가 가지 않는 법이다. 여섯째, 이야깃거리가 떨어지지 않게 흥미 있는 두세 가지 이야기를 늘 준비한다. 흥미 있는 이야기는 상대방과의 긴장을 풀어주는 좋은 방법이다. 일곱째, 유머를 적절하게 활용해야 한다. 유머는 긴장감을 풀어주고 친근감을 주는 좋은 대화법 중 하나다. 여덟째, 옷차림은 깔끔하고 단정하게 해야 한다. 단정한 사람이 믿음을 갖게 하고 신뢰를 준다. 아홉째, 남을 비방하거나 헐뜯는 인상을 주어서는 안 된다. 그것은 대단한 실례며 나쁜 인상을 심어주게 된다. 열 번째, 여러 분야에 대한 상식을 갖춰야 한다. 다방면에 상식이 풍부하면 실력 있는 사람으로 인정받을 수 있어 좋은 인상을 심어주게 된다.

대화의 명수가 되라

탁월한 자기계발 전문가인 데일 카네기에 얽힌 유명한 이야기가 있다.

그가 어느 모임에 갔을 때 일이다. 그곳에는 저명한 식물학자가 있었는데 카네기는 그와 함께 있게 되었다. 그는 평소 식물에 대한 관심이 많아 식물학자가 하는 말에 흥미를 보이며 열심히 경청했다. 그리고 중간중간 "네, 그렇군요." 혹은 "네에." 하며 추임새 놓듯 박자를 맞춰주었다.

그리고 얼마 후 들려오는 이야기가 데일 카네기는 대화의 명수라는 칭찬이었다. 그래서 알아보니 식물학자가 만나는 사람마다 자신을 칭찬했다는 것이었다.

이 이야기는 대화를 할 때 가져야 할 자세가 얼마나 중요한지를 말해 준다. 데일 카네기가 한 말은 고작 "네, 그렇군요." 혹은 "네에."라는 짧은 말뿐이었다. 그런데도 그는 대화의 명수로 소문이 났던 것이다.

말을 많이 한다고 해서 말을 잘하는 것은 아니다. 오히려 말이 많으면 실수를 할 확률이 높다. 적당히 말을 하되 상대방의 말을 잘 들어주는 것이 더 좋은 효과를 얻을 수 있다.

현대 사회에서 사교적이고 친화적인 마인드는 아주 좋은 성공 요소이다. 또 한마디 말은 명약이 되기도 하고 독이 되기도 한다. 그렇다면 명약이 되는 말을 해야 한다. 말 한마디가 인생을 변화시키는 요술램프가 되기도 하니까.

한마디 말의 중요성

입은 하나 귀는 둘이다. 이것은 듣기를 배로 하라는 뜻이다. 또 입보다는 귀를 높은 자리에 두어라. 《탈무드》에서는 '부정한 혓바닥은 부정한 손보다 더 나쁘다.'고 말한다. 인간의 삶에 있어 말이 얼마나 중요한지를 단적으로 보여주는 말이다. 한마디 말도 공을 들여서 하는 것이 중요하다. 말은 생각을 전달하는 역할을 넘어 자신의 전부를 보여줄 수 있는 가장 확실한 소통의 수단이다.

CHAPTER 08

피할 수 없는
경쟁이라면 맞서라

인생은 경쟁이다

인생을 살아가면서 경쟁하는 일에 익숙해져야 한다. 그렇지 않으면 경쟁사회에서 살아가기 힘들다. 경쟁에서 밀리면 인생의 패배자가 되기 때문이다. 사람은 태어나기 전 이미 수억 대 일의 경쟁을 치르게 된다. 그리고 태어나는 순간부터 새로운 경쟁에 내몰리게 된다. 갓 돌이 지난 아기들이 그림책을 놓고 경쟁을 벌이고, 3~4살만 되면 유치원에서 경쟁하는 일에 몰입하게 된다. 그리고 초등학교를 거치고 중·고등학교를 거치면서 더더욱 경쟁하는 일에 휘둘리게 된다.

세상에는 그 어느 것도 경쟁이 아닌 것이 없다. 사람이든 제품이든 반드시 경쟁 상대와 경쟁 제품이 있다. 경쟁은 사람이 살아가는 동안 피할 수 없는 숙명과도 같은 것이다. 그렇다고 해서 경쟁이 부정적인 것만은 아니다. 경쟁을 통해 인류는 진화를 거듭해 왔고, 그 경쟁을 통해 발전을 지속해 나가기 때문이다. 그래서 '경쟁이 없는 사회에서 발전은 있을 수 있을까?'라는 질문은 의미가 없다. 물론 무조건적인 경쟁은 바람직하지 못하다. 그것은 서로에게 피해와 상처를 주기 때문이다.

경쟁은 피하기보다는 당당하게 맞서 나가는 것도 그 경쟁에서 이길 수 있는 좋은 방법이다. 물론 이길 수 있는 대책은 반드시 수립해야 한다. 손자병법의 '지피지기는 백전백승(知彼知己 百戰百勝)'이라는 말처럼 경쟁에서 이길 수 있는 방법은 필히 갖추어야 하는 것이다. 무조건 '돌격 앞으로!'는 곤란하다.

경쟁의 의미에 대해 알아보자

첫째, 경쟁이란 과거에도 그러했고 현재도 내일도 먼 미래에도 우리의 인생에서 피할 수 없는 의식행사와도 같은 것이다. 둘째, 경쟁에서 밀리면 결과는 실패라는 붉은 딱지를 남기게 될 것이다.

피해갈 수 없는 경쟁이라면 과감하게 맞서 싸워 이겨라. 셋째, 자본주의 사회는 경쟁을 통해 발전을 지속시켜 나간다. 경쟁의 긍정적인 효과는 밝은 내일을 위한 삶의 에너지 충전이다. 넷째, 경쟁에도 질서는 있어야 한다. 경쟁자가 아무리 편법을 쓴다고 해도 그 경쟁에서 이기려면 정직하고 당당하게 경쟁 상대를 제압해야 한다. 무질서한 경쟁자는 뿌리를 드러낸 나무와 같아 제 꾀에 스스로 쓰러지고 만다. 다섯째, 경쟁에서 스트레스를 받기보단 오히려 경쟁을 즐기는 편을 택하라. 즐기는 경쟁에 익숙해지면 경쟁은 흥미로운 게임처럼 여겨지게 될 것이다.

이상에서 보듯 경쟁의 의미를 바르게 인식하는 자세가 중요하다. 왜냐하면 경쟁에 대한 마인드를 확고히 할 수 있고, 경쟁에 맞닥뜨렸을 때 당황하지 않고 현명하게 대처할 수 있어 경쟁에서 승리할 수 있는 기회를 만들 수 있기 때문이다.

결과가 나기 전까지는 절대 포기하지 마라

우리나라 역사상 최고의 영웅인 이순신 장군. 수백 번을 말하고 다시 말해도 부족함이 없는 승률 100퍼센트의 명장, 나라를 위기에서 구한 빛나는 등불, 조국과 민족을 자신의 목숨보다 더 사랑한 세계 최고의 지략가. 모두 그를 말해주는 수식어들이다. 그 무슨 말로 찬사를 하고 또 해도 자꾸만 하고 싶어지는 위대한 인간성을 지닌 우리 역사상 최고의 위인이다.

그는 온갖 중상모략을 받으면서도 자신의 신념을 절대 굽히지 않는 경쟁의 달인이었다. 권모술수에 능한 간신들의 온갖 비방과 음모에도 결코 무너지지 않고, 한때 자신을 버린 임금과 나라를 위해 단 12척의 배로 수백 척의 왜군을 물리치고 마지막 승리를 거두며 조선을 승전국으로 이끌어냈다.

만일 임진왜란 당시 그가 없었더라면 어떻게 되었을까? 지금처럼 대한민국이란 국호를 세계에 드높이며 인도의 시성 타고르가 예찬했듯이 동방의 등불로 과연 존재할 수 있었을까?

이에 대해 나는 단연코 "아니다."라고 말할 것이다.

그 당시 조선엔 이순신을 능가할 만한, 아니 그에 비견될 만한 인물이 없었다. 사람은 많아도 그를 뛰어넘는 인물은 없었다는 것이다. 그러기에 그의 업적에 대한 역사적 가치는 그만큼 크고 높다. 이순신은 지·덕·체를 모두 갖춘 명장 중에 명장이었다.

그는 전투에 임할 땐 철저하게 전략을 세웠다. 그의 용병술은 지금으로 따지면 과학적 데이터를 바탕으로 했다는 것이다. 적군의 위치, 지역의 지형, 군사의 수와 무기 종류, 적의 지휘자에 대한 분석 등 다양한 데이터를 바탕으로 전략을 세우고, 그 전략에 따

라 전투에 임함으로써 한 번도 패한 적이 없는 영원불패의 기록을 남길 수 있었다.

역사가 말해주듯 이순신은 자기 관리에 철저했고, 공과 사를 분명히 했으며 그 어느 누구 앞에서도 자신의 신념을 흐트러뜨린 적이 없었다. 이처럼 철두철미한 그는 그 어떤 경우에도 결과가 나기 전엔 절대 포기하지 않는 임전무퇴의 자세를 늘 견지했다는 사실을 간과해서는 안 될 것이다.

이순신의 애국심과 빼어난 용병술을 높이 받들어 존경한 사람이 있었다. 그는 일본 해군의 영웅 도고 헤이하치로 제독이다. 그는 왜 일본인들이 가장 존경하는 도요토미 히데요시도 아니고, 몽고메리 장군도 넬슨 제독도 알렉산더도 나폴레옹도 아닌, 자신의 조국에 치욕적인 패배를 안겨준 이순신을 가장 존경하며 닮기를 소망했을까?

그것은 바로 이순신의 인물됨과 애국심 그리고 정직성과 신념 때문이었다. 이순신 닮기를 갈망한 그는 마침내 일본 해군의 영웅이 될 수 있었다.

리 아이아코카는 다 쓰러져 가는 크라이슬러 자동차의 경영자가 되어 달라는 부탁을 받고 흔쾌히 수락했다. 다른 사람 같으면 결과가 빤한 게임을 하지는 않았을 것이다. 그는 포드 자동차에서 8년 동안 사장을 역임한 자타가 공인하는 탁월한 경영인이었다.

그런 그가 다 쓰러져 가는 크라이슬러 자동차의 경영자가 된다는 것은 어찌 보면 자살행위와도 같다. 만약 잘못되기라도 하는 날엔 그동안의 명예가 한순간에 사라질 수 있기 때문이다.

생각해보라, 당신 같으면 그처럼 바보 같은 선택을 하겠는가? 그런데 아이아코카는 바보 같은 선택을 하고 말았다. 다들 아이아코카를 정신 나간 사람으로 여겼다. 그러나 그것은 기우에 지나지 않았다. 그는 문제점들을 해결하여 포드와 제너럴 모터스 같은 쟁쟁한 회사와의 경쟁에서 당당히 승리하며 크라이슬러를 적자에서 흑자로 돌려놓은 것은 물론 세계경제계의 신화로 우뚝 섰다.

이순신과 도고 헤이하치로 그리고 아이아코카는 최악의 상황에서도 포기하지 않고 경쟁에 당당히 맞섰기 때문에 승리할 수 있었다.

당신 또한 경쟁에서 이기고 싶을 것이다. 그렇다면 최악의 상황에서도 절대 포기하지 말고 끝까지 해내는 저력을 길러라. 그것이 성공할 수 있는 최선의 전략이다.

경쟁을 즐기면서 이기는 법

경쟁에서 이기려면 많은 스트레스에 시달리게 된다. 그것은 이기려고 하는 데서 오는 긴장감과 초조함 때문이다. 그렇다면 경쟁을 게임처럼 즐기면서 할 수는 없을까?

결론은 '할 수 있다.' 이다.

일을 즐겁게 하는 10가지 원칙

01 자신을 마치 아틀라스(그리스 신화에 나오는 거인)인 것처럼 두 어깨에 하늘을 짊어지고 있다고 생각하지 마라. 심한 긴장감을 가져서도 안 된다. 또 자신에 대해 궁색하게 생각하지 마라.

02 자신이 하는 일이 즐겁게 느껴질 수 있도록 노력하라. 그렇게 만 할 수 있다면 일이 힘든 것이 아니라 즐거운 것이 될 것이다. 따라서 그 일을 바꿀 필요가 없어질 것이다. 자신을 변화시켜라. 그렇게 하면 자신의 일이 새롭게 보일 것이다.

03 사업 계획을 세워라. 그리고 계획을 실행에 옮겨라. 만일 사업의 방법이 체계적이지 못하다면 바쁘게만 생각될 것이다.

04 모든 것을 한꺼번에 하려고 하지 말고 하나씩 하나씩 처리하라.

05 자신이 하는 일이 쉬우냐, 어려우냐 하는 것은 자신이 그 일을 어떻게 생각하느냐에 따라 결정된다. 그러므로 자신의 마음가짐을 바르게 가져야 한다. 일이란 어렵다고 생각하면 실제로

어려운 것이 되고 쉽다고 생각하면 실제로 쉬운 것이다.

06 자신의 일에 정통해야 한다. 지식은 힘이다. 일은 바르게 하면 비교적 쉽게 된다.

07 마음을 너그럽게 갖도록 노력하고 실행하라. 항상 홀가분한 마음으로 일을 대하라. 무리를 하거나 힘든 마음으로 해서는 안 된다. 아무런 고민도 하지 말고 밀고 나가라.

08 오늘 할 수 있는 것을 내일로 미루지 않도록 자신을 단련시켜라. 정리되지 않은 일이 쌓이면 점점 일이 어려워진다. 오늘 할 일은 오늘 끝내라.

09 자신의 일을 위해 기도하라. 그러면 효과적으로 마음에 여유를 갖게 될 것이다.

10 눈에 보이지 않는 친구를 가까이 하라. 신은 우리보다 우리의 일을 더 잘 알고 있다. 어려운 일이 있을 때 신께 기도하라. 그리하면 홀가분한 마음으로 일을 할 수 있을 것이다.

이는 노만 빈센트 필 박사의 〈일을 즐겁게 하는 10가지 원칙〉이다. 당신이 경쟁에서 밀려나지 않고 이기려면 잔뜩 긴장하거나 초조해하지 말고 즐겁게 일하는 슬기로움을 몸에 습관화시켜라. 그렇게만 할 수 있다면 그 어떤 경쟁에서도 반드시 승리하게 될 것이다.

경쟁의 두려움을 없애라

현대는 경쟁이 아닌 것이 없다. 그리고 피한다고 해서 피해지지 않는 것 또한 경쟁이다. 그렇다면 피하기보다는 당당하게 맞서 나가는 것도 그 경쟁에서 이길 수 있는 좋은 방법이다.

또한 경쟁에서 이기려면 많은 스트레스에 시달리게 된다. 그것은 이기려고 하는 데서 오는 긴장감과 초조함 때문이다. 그렇다면 경쟁을 게임처럼 즐기면서 하라. 즐기면서 하는 마음이 경쟁의 두려움을 없애준다.

PART 3

꿈이 있고 푸른 미래가 있다면

신념을
습관화하기

CHAPTER 09

흔들림 없는
강한 신념을 길러라

흔들림 없는 신념

"우리의 마음은 우리가 가진 가장 귀중한 소유물이다. 우리의 삶의 질은 이 값진 선물을 얼마나 잘 계발하고 훈련시키고 활용하느냐에 따라 달라진다."

이는 미국의 성공 전략 전문가인 브라이언 트레이시의 말이다. 트레이시의 말은 우리에게 뜻하는 바가 매우 크다. 마음가짐의 중요성을 너무도 잘 지적했기 때문이다. 그의 말에 핵심은 곧 신념을 의미한다.

신념은 불가능을 가능하게 하는 긍정의 원동력이다. 용기, 의지,

끈기, 패기, 불굴의 정신, 호기, 극기, 도전정신 등 모두는 강인한 신념에서 나온다. 신념은 성패를 가늠하게 하는 인생의 바로미터다. 그러기에 신념이 있느냐, 없느냐는 매우 중요하다. 또한 신념을 갖고 있다고 하더라도 그 신념의 강도가 더욱 중요하다. 왜냐하면 신념이 강하면 성공할 확률이 높지만 신념이 약하면 실패할 확률이 높기 때문이다. 신념이 없는 사람은 용기도 없고 의지도 패기도 끈기도 불굴의 정신도 도전정신도 없다. 신념이 없으면 그 어느 것도 자신의 소신대로 할 수 없다. 신념이 없으면 정신적 공황에 이른 것처럼 매사에 의욕이 없고, 소망과 꿈도 희미한 달그림자처럼 불투명하다. 도무지 삶의 목표에 대한 집념이라고는 찾아볼 수도 없다. 술에 물 탄 듯 물에 술 탄 듯 희미하고 주체의식이 없다.

'부뚜막의 소금도 집어넣어야 짜다.'는 말이 있다. 아무리 목표가 하늘을 찌를 듯이 장대하고 푸른 바다를 가로지르는 항공모함 레이건호처럼 장엄해도 그것을 이루려는 신념이 없다면 그것은 환상에 불과할 뿐이다. 하지만 신념이 뚜렷하고 실천적 의지가 강하다면 그 꿈을 이루는 것은 요원하지 않다. 아니, 그 꿈은 이미 반은 이룬 셈이다.

아우구스티누스가 말하기를 "신념은 아직 보지 못한 것을 믿는 것이며, 그 신념에 대한 보상은 믿는 것을 보게 된다는 것이다."라고 했다. 그렇다. 신념은 지금은 없지만 있다고 믿는 확신이다. 그리고 그렇게 믿고 실천으로 옮기는 것 또한 신념이다. 이렇듯 신념이란 강철도 녹일 수 있는 강한 마음인 것이다.

흔들림 없는 마음의 중심, 신념!

신념을 길러라, 신념이 강한 자가 되라.

신념과 의지

대개의 사람들은 신념과 의지를 하나로 뭉뚱그려 생각하는데, 이는 잘못된 생각이다. 신념이 어떤 일을 이루고자 갖게 되는 흔들림 없는 마음의 중심이라면 의지는 어떤 일을 이루기 위해 행하는 자세, 즉 실천적 표출이라고 할 수 있다. 다시 말해 신념이 정신적인 것이라면 의지는 실천적인 행위의 표현이다. 그래서 신념이 강하고 의지가 견고하면 목표를 이루어 내는 데 있어 큰 힘을 얻게 되나 신념은 강한데 의지가 약한 사람은 그 어떤 것도 제대로 이루어내지 못한다. 자신이 이루고자 하는 것을 이루기 위해서는 신념과 의지가 하나가 될 때 가능한 것이다. 가령 어떤 사람이 무슨 일을 하고자 할 때 마음속으로부터는 강렬한데 그것을 행동으로 옮기는 데는 게으르거나 미숙하다면 아무것도 이룰 수 없다.

링컨이 오랜 세월이 지나도록 존경받는 이유는 자신의 신념을 확고하게 실천해냈기 때문이다. 누구나 알고 있듯 링컨은 정규학교 과정을 밟지 못했지만 풍부한 독서를 통해 지식과 지혜를 습득했다. 그는 가난이 무엇인지, 배고픔이 무엇인지, 삶의 존귀함이 무엇인지 자신의 경험을 통해 너무도 잘 알고 있었다. 또한 링컨은 사람이 사람을 구속하고 억압하는 것은 인권을 유린하고 그 사람의 자유와 평화를 강탈하는 반인륜적인 일이라는 것을 어린 시절부터 뼈저리게 느끼고 있었다. 그는 그 어떤 대통령도 이루지 못한 노예해방을 부르짖고, 정적은 물론 미국 사회의 기득권층들의 강력한 제재에도 굴하지 않고 자신의 신념을 실천으로 옮겼다. 링컨 역시 많은 생각을 했을 것이다. '그냥 편히 가는 대통령이 될까, 아니면 죽음을 무릅쓰고서라도 자신의 신념대로 할까?' 하고 말이다. 하지만 그는 편하고 안전한 길을 버리고 화약고 같은 길을 택했다. 그러고는 마침내 자신의 신념대로 노예를 해방시켰다. 이 일은 미국은 물론 전 세계적으로도 획기적인 일이었다. 세계 지도자 중 어느 누구도 흑인들의 인권에 귀 기울이지 않았지만 링컨만은 달랐던 것이다. 그러나 링컨은 자신의 신념을 지킨 대가를 죽음으로 받았으니 이 얼마나 위대한 신념의 결단이었는가.

영국의 비평가 러스킨은 실천적 학문을 주창한 교육자로 유명하다. 그는 학문이란 모름지기 실천을 통해서만 진정성을 획득할 수 있다고 믿었다. 그래서 그가 주장하기를 실천이 따르지 않는 학문은 죽은 학문이라고 강조했다. 이 말엔 교육에 대한 그의 강한 신념을 엿볼 수 있다. 그가 실천적 학문을 보여 준 유명한 일화가 있다.

옥스퍼드 대학 교수로 있던 러스킨이 강의를 하기 위해 비가 퍼붓는 길을 가고 있었다. 길이 좋지 않아 흙탕물이 튀었고 그의 옷은 엉망진창이 되었다. 간신히 강의실에 도착한 러스킨은 학생들을 향해 이렇게 말했다.

"여러분, 여러분은 왜 경제학을 배우지요?"

그러자 한 학생이 일어나 말했다.

"경제는 자신과 다른 사람들의 이익을 추구하는 하는 것이라고 배웠습니다."

그러자 러스킨은 미소를 띠며 재차 질문을 했다.

"지금 내가 강의실로 오는 동안 길이 너무 좋지 않아 많이 힘들었어요. 이에 대해 여러분은 어떻게 해야 한다고 생각합니까?"

"그야 당연히 길을 고쳐야 한다고 생각합니다." 하고 어떤 학생이 말했다. 그러자 러스킨은 당장 나가서 길을 고치자고 말했다. 그의 말에 학생들은 모두 일어나 비오는 길에 나가 길을 고쳤다고 한다.

이 일이 있은 후 옥스퍼드 대학에서는 학문이란 반드시 실천되어야 한다는 러스킨의 가르침을 받들어 그 길을 〈러스킨의 길〉이라고 이름 붙였다고 한다. 그런데 여기서 한 가지 흥미로운 것은 수재들만 모인 옥스퍼드 대학 학생들이 러스킨의 말대로 비오는 길에 나가 길을 고쳤다는 것이다. 학생들이 그의 주장에 대해 이의를 제기하지 않았다는 건 그만큼 러스킨의 말이 옳다고 믿었기 때문이다. 학생들이 러스킨의 말을 믿은 것은 학문에 대한 그의 신념을 높이 평가했기에 가능했던 것이다. 만약 그렇지 않았다면 괴팍하고 이상한 교수로 전락하는 사태를 맞게 되었을 것이다.

이처럼 신념은 참으로 놀라운 것이다. 굳은 신념은 사람들을 끌어들이는 강한 흡인력을 가지고 있다는 사실을 잊지 말아야겠다.

신념을 습관화하라

신념도 습관이다. 신념이 강한 사람들은 신념을 기르기 위해 노력했음을 알 수 있다. 말하자면 신념을 수업처럼 여겼던 것이다. 그들은 신념을 기르기 위해 마음을 다스리는 책을 읽고 그대로 따라서 해보기도 하고, 자신의 연약한 마음을 다독이며 몸과 마음을 하나로 모으고 정진하는 데 온 힘을 기울이며 노력했다.

날마다 반복되는 일상에서 몸과 마음은 강인하게 변했고, 그것은 곧 그 무엇에도 절대 좌지우지하지 않는 강직하고 곧은 신념이 되었다.

신념을 습관화하기 위해서는 어떻게 해야 할까?

첫째, 자신 스스로에게 정직해야 한다. 자신이 스스로에게 한 약속을 반드시 지키는 자세가 필요하다. 둘째, 반드시 실천적 의지가 뒤따라야 한다. 자신이 무언가를 하겠다고 결심했다면 무슨 일이 있어도 절대 포기하지 말고 꾸준히 밀고 나가라. 셋째, 신념 앞에 그 어떤 불신도 품지 마라. 흔들림 없는 신념 앞에 경거망동하지 마라. 자신을 믿지 못하면 신념을 기를 수 없다. 넷째, 신념은 곧 자신에 대한 믿음이다. 자신을 사랑하고 자신을 존중하는 마음을 가져라. 그리하면 자신을 중요하게 생각하게 됨으로써 신념을 기르는 일에 최선을 다하게 된다. 다섯째, 마음을 다스리는 책을 읽고 그대로 따라서 해보라. 그리고 자신의 연약한 마음을 다독이며 몸과 마음을 하나로 모으고 정진하는 데 온 힘을 기울여라.

신념은 인간에게 매우 중요한 삶의 요소이다. 신념은 인간에게 은근과 끈기, 두둑한 배짱과 용기, 하면 된다는 강인한 정신을 갖게 한다. 아무리 꿈이 생생하게 멋지고 화려하다 해도 신념이 없이는 꿈을 이룰 수가 없다. 그 꿈을 이루기 위해서는 반드시 강인한 신념이 뒷받침되어야 한다. 자신이 꿈을 이루고 한 번뿐인 인생을 멋지고 보람 있게 살아가려면 신념형 인간이 되어야 한다. 신념형 인간의 조건 및 그 유형에 대해 알아보자.

첫째, 담대한 마음을 가져야 한다. 담대한 마음은 반석과 같이 단단한 마음을 주고 자신감을 길러준다. 똑같이 어려운 상황에 놓이더라도 어떤 사람은 차분하고 슬기롭게 대처하는 자세를 보이는데 어떤 사람은 안절부절못하며 당황하여 어쩔 줄 몰라 한다. 이는 사람이 마음을 어떻게 갖느냐에 따라 보이는 차이다. 그러므로 어떤 난관에 맞닥뜨려도 결코 흔들림 없는 자세로 일관성 있게 문제를 해결할 수 있도록 마음을 담대히 해야 한다.

라틴아메리카의 게릴라 지도자이자 혁명이론가인 체 게바라. 군복에 검은 베레모가 잘 어울리는 그는 쿠바 혁명의 주체이다. 그는 아르헨티나 로사리오에서 태어났다. 인자한 아버지의 영향을 받아 부드럽고 따뜻한 품성을 지닌 그는 항상 자신보다 가난한 친구들과 어울리며 먹을 것을 나누어 주었다. 또한 그는 항상 '왜 누구는 잘 살고 누구는 가난하게 살아야 하는 걸까?'라는 의문을 가졌다. 그리고 '왜 세상은 부자와 가난한 사람이 있는가?'라는 의문을 가슴속에서 지울 수가 없었다.

게바라는 이런 의문을 가슴에 품은 채 자신의 꿈을 위해 의학도가 되기로 결심하고 공부를 한 끝에 1953년 부에노스아이레스 대학에서 의학박사 학위를 받았다. 하지만 그는 의학박사라는 타이틀을 과감하게 버리고 힘들고 어려운 혁명의 길로 들어섰다. 그는 혁명만이 라틴아메리카의 사회적 불평등을 해결할 수 있다고 굳게 믿었다.

결심을 굳힌 그는 멕시코로 갔다. 그곳에서 망명 중에 있던 쿠바 혁명 지도자인 피델 카스트로와 합류했다. 그들은 단번에 의기투합을 했고 게바라는 쿠바 정부에 반기를 든 피델 카스트로와 반정부 활동을 벌여나갔다. 게바라는 전쟁도 죽음도 두려워하지 않은 대범한 사람이었다. 전쟁만이 위기에 빠진 쿠바를 구할 수 있다고 믿었다.

그는 총알이 빗발치는 전쟁터를 누비면서 자신이 지금 하고 있는 일에 대해 긍지와 자부심을 느꼈다. 그는 자신의 나라도 아닌 쿠바를 위해 목숨을 걸고 싸우며 쿠바의 민주주의를 실현시키는 일에 혼신을 다한 끝에 쿠바의 독재자 바티스타를 축출하는 데 성공했다. 이로써 그는 쿠바가 새로운 역사를 시작하는 일에 일등공신이 되었다.

게바라는 피델 카스트로 정부의 산업부 장관(1961~1964년)이 되었지만 편안한 삶을 마다하고 고통과 억압 받는 사람들을 위해 또 다른 일을 벌여나갔다. 그는 비록 자신의 나라가 아니라 할지라도 억압 받는 사람들을 위해서라면 세상의 그 어떤 곳이라도 달려갈 준비가 되어 있었다.

게바라는 제3세계에 대한 미국의 영향력에 강력히 저항하면서 자신의 뜻을 강력하게 펼쳐나갔다. 그리고 그는 1965년 분쟁 중이던 볼리비아에 잠입하여 반정부군을 이끌며 전쟁터를 누볐다. 그러나 불행하게도 볼리비아 정부군에게 붙잡혀 1967년에 총살을 당하며 39세의 젊은 나이에 치열한 생을 마감했다.

그는 의사라는 안락하고 평안한 삶을 버리고 인생을 송두리째 혁명을 위해 바쳤다. 그것도 남의 나라의 민주화를 위해서 말이다. 그가 자신을 아낌없이 혁명에 바칠 수 있었던 것은 타고난 박애정신에 있었다. 그는 천성적으로 타인을 사랑할 줄 아는 진정한 박애주의자였다. 그것이 그의 존재의 이유였고 삶의 목적이었던 것이다.

사람들은 누구나 자신에게 주어진 환경 속에서 편안하고 행복하게 살기를 원한다. 그러나 게바라는 가난하고 억압받는 사람들의 자유와 평화를 위해 헌신했고 인생을 아낌없이 불사르며 사라져 갔다.

그가 죽은 지도 40년이 넘었다. 지금은 냉전의 시대도 가고 우익이니 좌익이니 하는 이념의 시대도 갔다. 그러나 자유와 평등과 박애를 부르짖던 그의 불꽃같은 정신은 여전히 살아서 인류의 횃

불이 되어 타오르고 있다. 게바라가 자신의 일생을 헌신할 수 있었던 힘은 담대한 마음에서 우러나온 강인한 신념 때문이었다.

담대한 마음을 가져라. 담대한 마음은 당신을 강인한 신념형 인간으로 탈바꿈시킬 것이다.

둘째, 항상 꿈꾸는 자가 되어야 한다. 꿈이 있는 자의 눈은 새벽별처럼 반짝이고 가슴은 넉넉하며 항상 긍정적이고 막힘이 없다. 꿈을 간직하고 살게 되면 매사가 희망으로 다가오기 때문이다. 이러한 삶을 살았던 대표적인 사람이 바로 미국의 흑인 해방 운동 지도자 마틴 루터 킹 목사다.

그는 비폭력 무저항 운동을 펼쳐 조국 인도를 영국으로부터 독립시킨 마하트마 간디의 영향을 받고 미국 흑인들의 인권을 위해 자신의 일생을 바친 자유와 평화의 상징적 인물로 통한다. 그가 목숨에 위협을 받으면서도 포기하지 않고 인권운동을 펼쳐나갈 수 있었던 것은 그에겐 동족인 흑인들을 위해 백인과 동등한 시민권을 얻어내겠다는 꿈이 있었기 때문이다. 그가 자신의 꿈을 이루기 위해 그 얼마나 뜨거운 열망을 가지고 있었는지는 다음 그의 연설문을 보면 잘 나타나 있다.

나에게는 꿈이 있다. 나는 오늘 남부로 돌아가지만 절망을 안고 돌아가는 것은 아니다. 나는 오늘 남부로 가지만 우리가 탈출구가 보이지 않는 캄캄한 감옥에 갇혀 있다고 생각하지 않는다. 나는 우리를 향해 새날이 오고 있다는 믿음을 갖고 돌아간다.

나에겐 꿈이 있다. 그것은 아메리칸 드림에 품은 깊은 꿈이다.

나에겐 지금 꿈이 있다. 어느 날 조지아에서 미시시피와 앨라배마에 이르기까지 그 옛날 노예의 아들딸들이 옛날 주인인 백인의 아들딸들과 함께 형제처럼 살게 되는 꿈이다.

나에겐 지금 꿈이 있다. 어느 날 백인 어린이와 흑인 어린이가 형제자매처럼 사이좋게 살게 되는 꿈이다.

〈중략〉

나는 지금 꿈을 가지고 있다. 인간이 모두 형제가 되는 꿈이다. 나는 이런 신념을 가지고 나서서 절망의 산에다 희망의 터널을 뚫겠다. 나는 이런 신념을 가지고 여러분들과 함께 나서서 어둠의 어제를 밝음의 내일로 바꾸겠다. 우리는 이런 신념을 가지고 새날을 만들어 낼 수 있다.

하나님의 모든 아이들이 흑인이건, 백인이건, 유태인이건 비유태인이건, 개신교도이건, 가톨릭교도이건 손을 잡고 "자유가 왔다! 자유가 왔다! 하나님, 감사합니다." 하고 흑인 영가를 부르는 날을 만들 수 있다.

이 연설문에서 보듯 마틴 루터 킹의 신념은 꿈으로 가득 차 있리얼리스트가 되자.
그러나 가슴속에는 불가능한 꿈을 가지자.

다는 것을 알 수 있다. 마틴 루터 킹은 비록 암살을 당하는 비운을 겪었지만 자신의 꿈대로 흑인들의 인권에 많은 변화를 가져오게 했다. 마틴 루터 킹은 항상 꿈을 간직하고 열망의 신념으로 꿈을 이루었다.

셋째, 부정적인 생각을 버리고 능동적으로 행동하라. 부정적인 생각은 신념형 인간이 되는 데 있어 저해 요인이다. 부정적인 생각은 자신이 충분히 할 수 있는 일도 주춤거리게 하고 해보지도 않고 안 되는 것부터 먼저 생각하게 한다. 부정적인 마음, 부정적인 말과 행동은 인생을 살아가는 데 있어 전혀 도움이 되지 않는다는 것을 기억하라.

2007년 프랑스 사회당 대통령 후보로 선출되어 세계 언론의 주목을 한 몸에 받았던 세골렌 루아얄, 그녀는 54세의 여성 정치인이다. 그녀는 여성성을 바탕으로 강력한 개혁을 추구해 온 뜨거운 열정을 지닌 파워풀한 여성이다. 그녀는 대통령 후보 경선에서 도미니크 스트로스 칸 전 재무부 장관과 로랑 파비우스 전 총리 등 쟁쟁한 남성 경쟁자들을 압도적인 표차로 물리치고 당당하게 사회당 대통령 후보를 꿰차며 프랑스의 새로운 희망으로 등장했다.

루아얄은 8남매 중에 넷째로 태어나 엘리트 코스인 국립행정학교(ENA)를 졸업히고 공무원으로 근무했다. 그러나 그녀는 하루 종일 자리에 앉아 사무를 보는 일에 만족할 수 없었다. 그녀는 뭔가 새로운 일이 필요했다. 그녀의 가슴속에 뜨겁게 흐르는 꿈을 실현시키기엔 공무원이라는 자리는 너무 작고 보잘것이 없었다. 매사에 딱 부러지고 똑똑한 그녀는 많은 고민과 생각 끝에 자신이 진정 가야 할 길을 찾게 되었는데, 그것은 바로 프랑수아 미테랑 대통령의 특별보좌관으로 정계에 입문하는 일이었다. 그때가 1982년이었다. 거기에서도 만족할 수 없었던 그녀는 1988년 의회로 진출하는 데 성공했고, 1992년엔 환경부 장관에 오르는 놀라운 능력을 발휘했다. 루아얄은 개혁적 상상력으로 자신의 정치 역량을 펼쳐나가며 프랑스 국민들에게 여성 정치인의 섬세함과 평화적인 이미지를 굳히는 데 성공했다.

그녀는 결혼은 하지 않았지만 네 명의 자식이 있었다. 그녀는 28년째 결혼을 하지 않은 채로 국립행정학교 동창인 프랑수아 올랑드 현 사회당 제1서기와 동거를 하고 있다. 우리나라 사람들이 볼 땐 이해가 잘 되지 않는 일이지만 이 또한 그녀의 개성적인 인생관을 보여주는 한 예다.

자신의 꿈을 이루기 위해 자신에게 철저히, 그것도 미치도록 열정적인 여성의 길을 걸어온 루아얄은 자신이 한 번 마음먹은 일은 그 어떤 것도 소홀히 하지 않았고, 완전히 그 일에 올인했다. 그녀가 일에 미쳐있을 땐 광기가 흐를 정도였다고 한다. 그녀가 프랑스 대통령 후보에까지 이르게 될 수 있었던 것은, 부정적인 생각을 자신의 마음으로부터 완전히 몰아내고 항상 긍정적으로 생각하고 능동적으로 행동했기 때문이다.

넷째, 자신에 대해 굳은 믿음을 가져라. 자신이 스스로를 믿는다는 것은 매우 중요하다. 왜냐하면 자신이 스스로를 믿게 되면 그어떤 일도 더욱 신중하게 생각하게 되기 때문이다. 그래서 자신에게 주어진 일에 애착을 갖고 책임 있는 자세로 일관되게 나아간다. 그렇게 하지 않으면 자신의 삶이 스스로에 의해 훼손당한다는 마음을 갖게 되기 때문이다. 그러므로 자신에 대한 굳은 믿음을 가질 때 강한 신념형 인간이 될 수 있는 것이다.

미국에서 가장 성공한 흑인 여성의 대명사 오프라 윈프리, 그녀는 웃음과 감동을 전해주는 토크쇼 '오프라 윈프리 쇼'의 진행자로 유명하다. 또한 그녀는 엄청난 부와 명성을 한 몸에 지닌 채 미국인들의 존경과 부러움을 받고 있다.

이런 그녀도 어린 시절 지독한 가난의 굴레에서 항상 자유롭지 못했다. 그녀는 부모 대신 엄한 할아버지와 할머니 슬하에서 어린 시절을 보내다 어머니가 살고 있는 밀워키로 이사했지만 가난은 여전히 진드기처럼 그녀를 놓아주지 않았다. 그리고 불의한 일로 14살이라는 어린 나이에 아기를 낳았지만, 곧 죽고 말았다. 그러나 그녀는 절망하지 않았다. 모든 것을 받아들이며 자신의 새로운 인생을 위해 항상 새로움을 모색하고 탐구하며 노력했다. 그리고 새롭게 시작한 일이 라디오 방송국의 일이었다. 그녀는 거기에 만족하지 않고 자신의 꿈을 이루기 위해 대학 졸업을 미루고 TV뉴스를 맡았다. 오프라 윈프리의 토크쇼는 시카고에서 단번에 시청률을 높이며 시청자들의 눈을 사로잡았다. 그런 가운데 시련도 따랐다. 저속한 내용을 다루었다는 비판을 받기도 했고, 대리모를 사칭한 여인의 출연으로 비난을 받기도 했다. 하지만 그녀는 게스트에 대한 따뜻한 관심과 배려로 시청자들의 공감을 샀고, 그녀의 인기는 그녀의 인간적인 면모만큼이나 급상승했다. 그녀의 토크쇼는 미국인이면 누구나 즐겨보는 인기 프로그램이 되었고, 그녀는 약자를 위한 대변과 노력으로 자신의 의지를 하나씩 펼쳐 보이며 국민들의 존경을 한 몸에 받았다. 그 일례로 1998년 실시한 미국에서 가장 영향력 있는 여성 중 힐러리 클린턴에 이어 2위에 뽑혔다.

오프라 윈프리는 단순한 엔터테이너가 아니다. 그녀는 피부와 인종을 뛰어넘는 모든 여성들의 꿈의 대상이며 실체이다. 그녀가 진행하는 '오프라 윈프리 쇼'는 2002년까지 30회의 에이미상을 수상하는 영예를 안았다. 또한 그녀는 영화 '컬러 퍼플'에 출연하여 골든글러브상을 수상하고 미국 아카데미시상식에서 여우조연상을 수상했다. 그녀가 이룬 이 놀라운 결과는 그녀의 땀과 신념이 이루어낸 향기로운 결실이었다.

"그렇다면 당신은 어떤 사람이길 원하는가?"라고 묻는다면 당신은 어떻게 대답할 것인가? 그것은 오직 당신만이 알 수 있다. 왜냐하면 당신에게 조언은 해줄 수 있어도 그것을 결정하고 실행하는 사람은 오직 당신이기 때문이다.

체 게바라와 마틴 루터 킹, 세골렌 루아얄, 오프라 윈프리는 신념형 인간이 되는 이 네 가지 조건을 모두 갖춘 사람들이다. 이들은 각기 다른 삶을 살았고, 살고 있지만 놀랍게도 그들의 정신은 하나같이 똑같다는 것을 알 수 있을 것이다.

신념은 동서고금을 막론하고 성공하고자 꿈꾸는 인간이 지녀야 할 가장 기본적이고도 가장 중요한 인생의 덕목이다. 아무리 그 사람이 최상의 프로젝트를 가지고 있고, 근사한 꿈을 갖고 있고, 뛰어난 재능을 갖고 있다 할지라도 그것을 실행에 옮기지 않으면 아무런 결과도 얻을 수 없다. 성공하길 꿈꾼다면 강인한 신념을 갖고 자신이 품은 프로젝트와 꿈과 재능을 위해 실천하라. 그렇게만 할 수 있다면 자신은 물론 타인에게도 의미 있는 인생이 되어 봄날 만발하는 꽃처럼 풍요로운 인생을 살아가게 될 것이다.

신념형 인간의 특징

신념형 인간에게는 네 가지 특징이 있다. 첫째, 담대한 마음을 늘 가슴에 품고 그 어떤 일에 있어서도 결코 물러섬이 없다. 둘째, 항상 꿈을 가지고 있고 그 꿈을 향해 자신의 열정을 아낌없이 바친다. 셋째, 부정적인 생각을 버리고 능동적인 행동으로 자신이 원하는 일을 긍정적으로 해낸다. 넷째, 자신에 대해 굳은 믿음을 갖고 언제나 할 수 있다는 강인한 정신으로 자신의 일을 해나갔다.

CHAPTER 10

인생의 멘토를 정하라

인생을 변화시키는 삶의 나침반

고대 그리스의 이타이카 왕국의 왕 오디세이는 트로이 전쟁에 출정하면서 사랑하는 아들을 가장 믿을 만한 친구에게 부탁했다. 그 친구는 오디세이가 전쟁에서 돌아오기까지 무려 10년 동안 친구이자 상담자로서 때로는 아버지처럼 정성을 다해 왕자를 돌보며 훌륭하게 키워냈다.

전쟁이 끝나고 왕궁으로 돌아온 오디세이는 훌륭하게 자란 왕자의 모습을 보고 크게 감탄했다. 오디세이는 왕자를 훌륭하게 키워준 친구에게 사례하며 칭찬을 아끼지 않았다. 왕을 대신하여 왕자를 잘 양육한 친구의 이름이 바로 멘토이다. 이후 멘토는 '지혜와 신뢰로 한 사람의 인생을 이끌어주는 스승'이라는 뜻으로 쓰이고 있다.

이 이야기에서 보듯 한 사람의 훌륭한 멘토는 자신의 지혜와 경험을 제공함으로써 다른 이가 성공적인 삶을 사는 데 있어 결정적인 역할을 한다. 그렇다면 누구나 자신의 길잡이가 되어줄 멘토는 반드시 필요하리라 생각할 것이다.

자신의 훌륭한 멘토를 만들기 위해서는 어떻게 해야 할까?

첫째, 자신이 멘토로 삼고 싶은 이에게 자신의 관심을 최대한 집중시켜라. 자신의 꿈을 위해 진지하게 노력하는 자에겐 그의 빛이 되어주고자 다가오는 멘토가 있다. 이는 목표를 위해 최선을 다하는 자에게 '하늘은 스스로 돕는 자를 돕는다.'는 말과 같다고 하겠다. 둘째, 나와 너의 인간관계 법칙을 활용하라. '나와 너의 인간관계의 법칙'이란 서로가 서로에게 의미 있는 역할을 하는 관계를 말한다. 이때 중요한 것은 상대방에게 좋은 인상을 심어 주어야 한다는 것이다. 그렇지 않다면 어느 누구도 자신에게 깊은 관심을 기울이지 않을 것이다. 셋째, 강한 믿음과 신뢰를 보여주어라. 사람은 누구나 믿음이 가는 사람에게 호감을 갖게 된다. 그리고 그런 사람을 자신의 곁에 두고 싶어 한다.

이 세 가지 법칙을 철저하게 지켜 행한다면 분명 그 사람 곁엔 훌륭한 멘토가 나타나게 될 것이다. 그렇게 될 때 멘토와 자신과의 사이에 멘토링이 이루어지게 된다. 멘토링이란 "한 사람이 지닌 지혜를 그에게 있는 신용, 경험, 시간과 인간관계를 통해 다른 사람에게 의도적으로 전달하는 과정이다."라고 존 맥스웰은 말했다. 한 사람의 훌륭한 지혜와 경험은 돈으로는 물론 그이상의 것으로도 살 수 없을 만큼 가치가 있는 인생의 요술램프라고 할 수 있다. 자신이 진정 성공하고 싶다면 자신에게 멘토링을 해줄 수 있는 멘토를 정해야 한다는 사실을 잊지 마라.

한 사람의 멘토가 삶에 미치는 영향

성공한 사람들 가운데는 그들의 빛나는 삶이 있기까지 기댈 언덕이 되어준 인생의 멘토가 있었다. 말 못하고 보지 못하고 들을 수 없었던 헬렌 켈러의 가정교사였던 앤 설리번. 그녀는 세계적으로 널리 알려진 유능한 멘토였다. 그녀가 훌륭한 멘토로서 전 세계에 깊이 각인된 것은 헬렌 켈러가 지닌 최악의 조건에도 굴하지 않고, 초인 같은 인내심과 세심한 배려와 사랑으로 헬렌 켈러를 완전히 다른 사람으로 바꾸어 놓았다는 사실이다. 설리번의 눈물겨운 희생적 가르침이 있었기에 헬렌 켈러는 빛나는 인생을 살 수 있었다. 한 사람의 훌륭한 멘토가 다른 사람에게 미치는 영향이 얼마나 큰지는 두말할 나위가 없음을 많은 역사적 실례를 통해 알 수 있다.

이에 대한 몇 가지 일화이다.

소크라테스가 플라톤의 멘토였음은 잘 알려진 사실이다. 플라톤은 자신의 스승인 소크라테스처럼 되고 싶은 꿈을 가슴에 품고 있었다. 하지만 꿈을 가슴 가득 품고 있다고 해서 꿈이 이루어지는 것은 아니다. 그 꿈을 이루기 위해서는 실천이 따라야 한다. 플라톤은 이를 너무도 잘 알고 있었기 때문에 스승의 가르침을 한시도 소홀히 하지 않고 공부에 전념했다. 그렇게 노력을 한 결과, 그는 스승에 버금가는 유능한 철학자가 될 수 있었고, 그 역시 수많은 제자와 사람들에게 멘토가 되었다.

세종의 스승 이수는 평생 그의 멘토였다. 그는 임금과 나라를 위해 하나뿐인 목숨을 아낌없이 바친 충신이다. 그의 가르침은 심약한 어린 충녕대군에게 옹골지고 흔들림 없는 이상을 심어주었고, 마음에 품고 있는 것을 밖으로 끄집어내어 실천할 수 있는 결연한 자세를 길러주었다. 이러한 이수의 가르침은 어린 충녕대군이 미래에 성군이 될 수 있는 기틀을 마련하는 데 결정적인 역할을 하게 되었던 것이다.

세종은 수많은 우여곡절 끝에 맏형인 세자 양녕대군 대신 조선의 제4대 임금으로 등극하여 실용주의 노선을 펼쳐나갈 수 있었다. 세종은 자신의 사람을 만드는 데 있어서 신분의 차이를 두지 않았다. 사람의 신분보다는 각 개개인의 됨됨이와 능력을 보았던 것이다. 그런 세종을 비판하는 신하들도 있었지만 세종은 흔들리지 않았다. 왜냐하면 자신의 신념에 대한 굳은 믿음이 있었기 때문이다.

신념이 견고한 사람은 결코 흔들리는 법이 없다. 신념은 태산을 갈아엎어 평지가 되게 한다. 이런 삶의 법칙을 견지한 세종은 자신의 신념을 실제 속에 적용시킨 신념의 이론가이며 실천하는 행동가였다. 신념은 세종을 우리 역사의 최고의 성군이며 최고의 실용주의자로 남게 한 힘의 근원이다.

이에 대한 또 하나의 대표적인 예가 바로 한글을 창제한 것이다. 그 당시 최만리를 비롯한 학자들이 한글 창제를 결사적으로 반대했지만 인재를 중요시하던 세종은 반대론자인 그들을 벌하지 않고 설득시킨 끝에 자신의 신념대로 밀고 나가 관철시킬 수 있었다. 세종이 그처럼 한글 창제에 목숨을 걸고 실행한 것은 한문이 너무 어려워 백성들에게 실용적이지 못하다는 것을 진즉에 간파했기 때문임은 너무도 잘 알려진 사실이다.

한글은 단순한 글자가 아니나. 세종의 혼이며 우리 민족의 긍지이다. 세종이 보여 준 실용주의는 모두의 모두에 의한 모두를 위한 편리주의인 동시에 현실주의의 근본인 것이다.

아우구스티누스의 어머니 모니카를 보자.

그녀는 자신의 뜻과는 달리 역행하는 아들을 위해 눈물을 뿌리며 기도를 함으로써 삐뚤어지던 아들을 올바르게 키워냈다. 그녀가 끊임없이 기도했던 것은 그녀만의 독특한 가르침이었던 것이다. 아우구스티누스는 이런 어머니의 모습을 통해 감동했고 결국엔 평생을 올바른 길로 걸어가며 사람들에게 진정한 삶을 보여주었다.

한석봉을 조선 제일의 서예가로 만든 그의 어머니는 한국의 대표적 어머니 중 한 사람이다. 아들의 가르침을 위해 10여 년의 세월을 아들과 떨어져 지내면서 떡 장사를 하며 아들을 뒷바라지했다. 그녀가 훌륭한 것은 떡 장사를 하며 아들을 뒷바라지한 데도 있지만, 어머니가 보고 싶다고 찾아온 아들을 향한 그녀의 가르침에 있었다. 아들을 납득시키기 위해 불을 끄고 자신은 떡을 썰고 아들에겐 글씨를 쓰게 했던 그녀. 자신이 썬 떡은 고르게 된 반면 아들의 글씨는 크고 작고 들쑥날쑥했다. 그것을 통해 아들에게 깨우침을 주고 아들을 조선 최고의 서예가로 키운 그녀의 가르침은 지혜로움 그 자체다.

멘토란 지혜와 신뢰로 한 사람의 인생을
이끌어주는 스승, 마치 엄마같은

우리나라가 낳은 천재 첼로리스트 장한나.

그녀의 스승은 러시아 출신인 세계적인 첼로 마에스트로 무스티슬라프 로스트로포비치다. 장한나는 스승의 가르침에 힘입어 자신이 가진 천재성을 계발하여 세계적인 첼로리스트가 되었다. 로스트로포비치는 장한나에게 있어 최고의 멘토이다.

이에 대해 좀 더 살펴보자면 공자는 맹자의 멘토였고, 뉴턴은 아인슈타인의 멘토였고, 루소는 톨스토이의 멘토였고, 존 F. 케네디는 빌 클린턴의 멘토였고, 베토벤은 슈베르트의 멘토였다.

멘토는 어느 시대 어느 인생에든 꼭 필요한 인생의 빛과 소금 같은 존재다. 자신의 인생에 있어 훌륭한 멘토가 있는 사람도 있고 그렇지 않은 사람도 있을 것이다. 지금도 늦지 않았다. 멘토가 없는 이들은 자신의 인생에 절대적 가치를 제공해줄 멘토를 정하라. 훌륭한 멘토는 자신의 인생을 변화시키는 삶의 나침반이며 최고의 스승이다.

멘토링(Mentoring)의 중요성

불멸의 세계적 테너 엔리코 카루소. 그는 지독한 가난 속에서도 세계 최고의 가수를 꿈꾸며 노래를 불렀다. 어떤 음악 선생은 그의 목소리를 형편없다고 폄하하며 노래에 대한 꿈을 접으라고 악평을 했다.

어린 카루소는 꿈을 잃은 듯이 실망을 하며 마음의 갈피를 잡을 수 없었다. 그만큼 노래는 그의 목숨처럼 소중한 꿈이었다. 이렇게 꺾일 듯 흔들리는 갈대 같은 카루소를 잡아준 사람은 바로 그의 어머니였다.

"얘야, 실망하지 마라. 엄마가 보기엔 너는 훌륭한 목소리를 가졌단다. 네가 신념을 갖고 최선을 다한다면 반드시 최고의 테너가 될 수 있을 거야. 나는 그것을 확신한단다. 지금 당장 시작해라."

마른 갈대처럼 흔들리던 카루소는 자신을 믿어주는 어머니의 말씀에 의지해 최선을 다한 끝에 전설적인 세계 최고의 테너가 되었다. 그가 성공할 수 있었던 것은 어머니의 훌륭한 가르침에 의한 것이다. 그의 어머니는 카루소에게 하면 된다는 강한 신념을 심어주었고, 자신이 하는 일에 최선을 다하는 자세를 갖게 했다. 카루소가 항상 자신의 일에 최선을 다하는 자세를 가졌다는 것을 보여주는 이야기가 있다.

카루소가 미국의 어떤 식당을 방문했을 때 그의 노래를 좋아하는 식당 주방장은 그를 한눈에 알아보고는 외람되지만 이 자리에서 노래를 해 줄 수 있느냐고 간청했다. 그러자 카루소는 명성에 어울리지 않게 "그러지요."라는 말과 함께 식당에서 노래를 불렀다. 식당 안에 있던 손님들은 난데없는 멋진 노래를 듣고 감동에 들떠 있었다. 사람들은 그가 유명한 카루소라는 걸 알고는 영원히 잊지 못할 추억을 간직하는 영광을 누렸던 것이다.

"여보게, 자네가 어찌 이런 구차한 식당에서 노래를 할 수 있는가. 자네의 명성과 체면을 생각해야지."

카루소가 노래를 마치고 자리에 앉자 그 자리에 있던 친구는 그의 행동을 못마땅하게 여기며 말했다.

"그게 무슨 말인가? 내 노래를 듣길 원하는 사람이 단 한 사람이라 할지라도, 또 그곳이 어디라 할지라도 나는 즐겁게 노래를 부르겠네. 그것이 나의 의무일세."

카루소의 진정성이 담긴 말을 듣고 못마땅하게 굴던 친구는 그의 신념에 깊은 감동을 받았다. 세계적인 테너가 몇 사람 밖에 없는 구석진 식당에서 노래 부르는 상상을 해보라. 조금만 이름을 얻었다 하면 거들먹거리며 눈을 아래로 내리까는 많은 음악인들을 생각해보면 카루소의 겸손함이 얼마나 몸에 배어 있는지를 알 수 있다. 게다가 그가 얼마나 예술을 아끼고 사람들을 생각하는지도 느낄 수 있다.

그의 신념은 진정한 음악인이란 단 한 사람의 관객도 소중하게 여겨야 한다는 것을 잘 말해주고 있다. 그가 이처럼 겸손하고 강인한 신념을 갖게 된 것은 어머니의 지속적인 멘토링의 결과이다. 카루소의 경우에서 보듯 멘토링이란 멘토와 멘티 사이에 이루어 지는 모든 관계성을 말한다. 그의 어머니는 바로 이런 관계성을 잘 적용한 지혜로운 여성이었다.

자신만의 가치를 높여라

멘토가 될 수 있는 자격은 딱히 정해져 있지 않다. 무슨 자격을 취득해야 하는 것도 아니고 무슨 과정을 이수해야 하는 것도 아니다. 멘토는 누구나 될 수 있다. 다만 멘토가 되기 위해서는 그 나름대로의 가치성이 있어야 한다. 좀 더 부연해서 말하자면 남을 이끌어 줄 수 있는 능력을 가지고 있어야 한다는 것이다. 그것이 인격적인 것이든 학문적인 것이든 예술에 대한 것이든 건강에 대한 것이든 나름대로의 삶에 대한 안내자 역할이 되어야 멘토가 될 수 있다.

당신이 진정 삶을 성공적으로 살기를 원한다면 당신의 모든 것을 진심으로 받아주고 당신에게 끊임없이 가르침을 주는 멘토를 정하라. 인생을 살아가는 동안 자신의 힘만으로 안 되는 일을 만나게 될 때 누군가에 의해 지혜를 구하고 용기를 얻고 때론 물질적인 도움을 얻을 수 있다면 그것은 지극히 은혜롭고 행복한 일이다.

나만의 멘토 정하기

멘토는 어느 시대 어느 인생에든 꼭 필요한 인생의 빛과 소금 같은 존재다. 자신의 인생에 있어 훌륭한 멘토가 있는 사람도 있고 그렇지 않은 사람도 있다. 멘토가 없다면 자신의 인생에 절대적 가치를 제공해줄 멘토를 정하라. 훌륭한 멘토는 자신의 인생을 변화시키는 삶의 나침반이다.

CHAPTER 11

정체성을 잃지 마라

자신을 똑똑히 알아라

사람이 살아가는 데 있어 자기 자신을 잘 아는 것만큼 중요한 것은 없다. 그런데 안타깝게도 '등잔 밑이 어둡다'는 말처럼 자신을 잘 모르는 존재가 사람들이다. 언뜻 생각하면 누구나 자신을 잘 알고 있는 것 같지만 실상은 그렇지 않다.

왜 그런 현상이 일어나는 걸까?

그 이유는 간단하다. 스스로 자신의 존재 가치를 판단하는 마음의 눈이 어둡기 때문이다. 나는 과연 얼마나 내 자신에 대해 알고 있는지 곰곰이 생각해 보라.

물론 '성격이 어떻다'처럼 확연히 드러나는 것은 알아도 자신이 진정 무엇을 잘할 수 있는지, 자신의 진정성이 어떨 것이라든지, 자신이 신념이 있는 사람인지에 대한 것은 잘 알지 못한다. 그저 어렴풋이 느낄 뿐이다.

요즘 젊은 세대들은 교육도 많이 받고 다양한 문화콘텐츠에 따른 다양한 문화적, 사회적 경험을 통해 과거 세대들에 비해 큰 삶의 혜택을 받고 있지만 그것을 자기화하는 데는 익숙지 못한 것 같다. 그러다 보니 정체성의 혼란 속에서 작은 고생에도 힘들어하고 미래에 대해 두려워한다. 이런 현상이 젊은 세대들에게 많이 나타나는 것은 점수 따는 공부는 많이 했을지 모르나 그 공부를 인격화하는 데는 등한시한 결과다. 이는 우리 교육이 좋은 직장을 구하는 법과 경쟁하는 법만 가르치는 데 따른 가슴 아픈 결과다.

요즘 우리 사회는 심각한 경제적 위기로 하루하루가 살얼음판을 걷고 있다. 그러다 보니 학자금대출을 받아 어렵게 공부를 했지만 정작 졸업하고 나서는 일할 곳이 없다. 정규직은 저 멀리 사라져 그림자조차 보이질 않고 우습게 여겼던 아르바이트 같은 비정규직도 그나마 없다고 아우성이다. 그야말로 총체적 위기에 직면해 있는 것이다. 이력서를 수십 통씩 쓰고 심지어는 수백 통을 돌렸지만 감감무소식이라는 젊은이들의 한숨소리가 귓전을 울린다. 상황이 이러다 보니 누가 뭐라고 하지 않아도 의기소침해지고, 그런 현상이 길어지자 내가 무엇을 해야 하는지조차 모를 지경에 이르렀다. 의기양양했던 꿈도 야심도 저녁연기처럼 사라지고 이젠 자신이 누구인지, 내가 왜 이 자리에 있는지조차도 모른다. 그저 때가 되니 밥을 먹고 잠을 잘 뿐이다. 용기니, 패기니, 끈기니, 열정이니 하는 따위는 더 이상 찾아보기 힘들다.

이렇게 된 데는 국가와 사회적 책임이 크다. 국가는 국민들이 안락하고 평안하게 자유와 평화를 누리며 살게 해야 한다. 그렇게 될 때 국민은 국가를 믿고 국가를 위해 국민으로서의 의무를 다하게 되는 것이다. 그런데 국가가 국민을 힘들게 하고 믿지 못하게 한다면 그것은 전적으로 국가의 책임이라고 할 수 있다. 그러나 국가와 사회적 책임으로 돌리기 전에 스스로를 돌아볼 필요도 있다. 자신에게 문제는 없는지 한번 진지하게 돌아보는 시간이 필요하다. 과연 내가 얼마만큼 내 자신을 위해 최선의 노력을 하고 최선을 다해 자신을 알고 사랑했는지를.

이에 대해 분명 반론을 제기하는 사람도 있을 것이다. 온 사방이 꽉 막혀 길이 보이지 않는데 그게 노력만으로 되는 거냐고. 물론 그렇게 말하는 것도 지금 같은 상황에서는 충분히 이해할 수 있다. 그러나 그 말은 자신을 변명하거나 합리화하는 말밖에 되지 않는다는 생각이 드는 것은 왜 일까? 그 이유는 그 말에 미혹 당함으로 해서 자신에게 주어진 능력을 소진시킬 수 있는 여지를 가지고 있기 때문이다.

꽉 막힌 길에도 길은 있다는 것을 보여준 사람이 있다. 그는 바로 현대그룹을 세계적 기업의 반열 위에 올려놓은 정주영 회장이다.

그는 늘 "길이 없으면 길을 찾으면 되고 찾아도 없으면 길을 만들면 된다."고 했다. 이 얼마나 역동적이고 희망에 찬 말인가. 이런 말을 할 수 있는 사람은 자신에 대해 잘 알고 있는 사람이다. 정주영은 자신의 능력, 자신이 해야 할 일, 자신이 있어야 할 자리를 잘 아는 사람이었다. 그는 자신의 능력으로 할 수 있는 일을 찾았고 상황이 여의치 않더라도 그때그때마다 주어진 일에 최선을 다했다. 그러자 그때마다 새로운 길이 열렸고, 길이 막히면 그 길을 뚫어서라도 전력투구를 다한 끝에 세계적인 기업인이 될 수 있었다. 이러한 정주영의 불패의 정신은 "나의 사전에 불가능은 없다."고 한 나폴레옹의 정신과 맞닿아 있다. 지중해 코르시카 섬 아야치오에서 태어나 육군 포병소위로 임관한 나폴레옹. 그가 수많은 전투를 승리로 이끌어내며 전쟁영웅이 되고 마침내 프랑스 황제가 되어 유럽 전역을 통치할 수 있었던 것은 그의 강인한 정신에 있었고, 자신을 잘 알고 있었기에 "나의 사전에 불가능은 없다."고 당당하게 외칠 수 있었던 것이다.

정주영이나 나폴레옹의 공통점은 길이 없어도 그 길을 만들어

나가는 '불가능은 없다'는 정신에 있다. 나폴레옹은 정주영이 존경하는 대표적인 인물이다. 정주영이 잔혹한 시련과 역경 속에서도 굴하지 않고 이겨낼 수 있었던 불패의 정신은 바로 나폴레옹으로부터 이어받은 것이다. 나폴레옹이 "나의 사전에 불가능은 없다."고 한 것이나 정주영이 "나에게 시련은 있어도 실패는 없다."고 한 것은 자신 스스로를 잘 알 수 있었기에 할 수 있는 말이다. 어려울 때일수록 자신을 돌아보는 지혜가 필요하다.

지혜로운 자는 어렵다고 그 길에서 절대 도망치지 않는다. 오히려 어려운 길에서 벗어날 방법을 모색하는 데 골몰한다. 하지만 어리석은 자는 도망칠 생각만 한다. 이것이 지혜로운 사람과 어리석은 사람의 차이다.

어렵고 힘들 때에도 분명히 길은 있다. 그것은 바로 그 길을 찾기 위해서 자신을 새롭게 발견하는 것이다. 새로운 마음으로 자신을 돌아보라. 나는 누구이며 나는 지금 무엇을 원하고 무엇을 해야 하는지를.

정체성, 그 유쾌한 자존

지금 우리 사회에는 정체성의 혼란 속에 허덕이는 사람들이 많다. 특히 꿈과 희망으로 가득 차야 할 우리의 사랑스런 젊은 세대들이 더욱 그러하다. 앞에서도 말했듯이 대학을 졸업해도 꿈과 미래가 되어 줄 일터가 없다. 푸른 희망을 안고 시작해야 할 사회생활이 한숨과 아픔으로 얼룩지고 있다. 그러다 보니 의욕도 점점 사라지고 내가 무엇을 위해 공부를 했으며 무엇을 위해 오늘을 살아가야 하는지 대해 그 의미마저 불투명해지고 있다.

이는 정체성이 흔들리고 있다는 증거다. 정체성이 흔들리면 삶의 목적도 방향도 갈팡질팡한다. 내가 어디로 가야 할지, 무엇을 위해 살아야 할지를 잃게 되는 것이다. 마치 한 마리 길 잃은 양처럼 세상에서 방황하고 슬피 울며 언제까지나 살아야 할지도 모른다. 정체성을 잃게 되면 이와 같이 살 수밖에 없다. 다시 말해 자신의 존재 자체가 위협 받게 될 수도 있는 위험천만한 상황을 맞게 될지도 모른다. 지금 우리 사회에는 안타깝게도 유리하며 방황하는 젊은 세대들이 늘고 있다. 많은 이들이 삶에 지쳐 될 대로 되라는 식의 자괴감에 빠져 우울해하고 있다. 하지만 이럴 때일수록 깨어있어야 한다. 깨어있지 않으면 삶의 어둠의 터널에 갇혀 사회를 불신하고 자신의 인생을 원망하며 비참하게 살게 될지도 모른다. 왜냐하면 정체성을 잃은 사람은 꿈도 미래에 대한 열망도 없기 때문이다. 그저 주어진 시간의 울타리에 갇혀 시간을 좀처럼 쓸어버린다. 이것처럼 자신의 인생을 함부로 대하고 아프게 하는 것은 없다.

내 인생은 나의 것이니, 그대로 두라고 한다면 할 말이 없다. 그러나 내 인생은 나만의 것이 아니다. 내 인생은 나를 낳아 준 부모의 것이기도 하고, 가르침을 준 스승의 것이기도 하고, 친구들의 것이기도 하다. 다시 말해 나는 나 혼자가 아니라는 것이다. 세상은 나 혼자서는 살 수 없듯 부모와 스승, 친구는 자신과 유기적 관계를 이루고 있는 소중한 존재들이다. 그런데 내 인생은 나의 것이니 내가 어떻게 살든, 그대로 두라고 한다면 그것은 인간에 대한 예의가 아니다. 그것은 발칙하고 모가 난 오만일 뿐이다.

이 같은 생각에서 벗어나려면 잃어버린 정체성을 되찾고 흔들리는 정체성을 바로잡아야 한다. 정체성을 되찾고 바로잡기 위해서는 진지하게 자신을 돌아보는 자세가 필요하다. 인간의 삶에 있어 가장 근원적인 물음인 '나는 누구인가?'라는 것은 대단히 중요하다. 너무 흔히 쓰는 말이다 보니 그 중요성에 대해 실감을 하지 못한다. 그냥 흔히 하는 일상 용어처럼 여길 뿐이다. 그러나 그것이 얼마나 잘못된 착각인지를 알아야 한다.

"나를 구제할 수 있는 사람은 나 자신뿐이다. 내가 아니면 누가 나를 구제할 것인가."라고 파스칼은 말했는데 참으로 명쾌한 말이 아닐 수 없다. 그렇나. '내 자신을 누구에게 맡길 것인가, 누구에게 나를 의지할 것인가?'라는 본질의 문제를 간과해서는 안 된다.

나는 나만이 책임질 수 있는 진지한 자세를 견지해야 한다. 그런데 정체성의 혼란에 빠진 이들은 자신의 문제를 남에게 의존하려는 경향이 많다. 이는 자신에 대한 믿음이 없기 때문이다. 여기서 자신에 대한, 흔들림 없는 믿음을 신념이라고 한다. 정체성이 결여된 사람에게 가장 필요한 것은 신념과 잃어버린 정체성을 되찾는 일이다.

대학 졸업생들과 얘기를 나눈 적이 있다. 나는 그들에게서 한 가지 공통점을 발견했다.

"아무리 발버둥치고 이력서 내봐야 종이 값도 안 나와요."

"맞아요. 이 사회가 잘못된 것 같아요."

한 친구의 넋두리에 다른 한 친구가 되받아 원망스럽게 말했다.

"더 이상 이력서 낼 데도 없고 이젠 그냥 되는대로 살아야죠, 뭐."

놀랍게도 취직이 안 되는 것을 모두 사회의 탓으로 돌렸다.

가끔 PC방에 들러보면 젊은이들이 빼곡히 자리를 채우고 있는 모습을 볼 수 있다. 그들은 갖은 욕지거리를 해대며 몇 시간씩 게임을 즐기기도 하고, 줄담배를 피우며 날밤을 새우기가 일쑤라고 한다. 대체 그들은 왜 눈만 뜨면 PC방으로 몰려오는 것일까? 그들의 말을 가만히 들어보면 온통 원망스러운 단어로 가득하다. 그런데 한결같게도 앞서 말한 세 명의 대학 졸업생들이 하는 말과 똑같았다. 이상이 뚜렷하고 생각이 활달해야 할 젊은이들이 부정적인 생각으로 가득 차 있다는 현실은 분명 안타깝고 슬픈 일이다. 하지만 어려울 때일수록 자신의 정체성을 잃어서는 안 된다. 남은 그렇다 해도 나는 그러면 안 되는 것이다. 모두가 하나같은 생각이라면 분명 이 사회는 물론이거니와 나 자신도 잘못되어 있다는 말이다. 마치 잘못 꿰어진 단추처럼.

그러나 늦지 않았다. 늦었다고 생각할 때가 가장 빠르다는 말이 있듯 지금 당장 잃어버린 정체성을 회복해야 한다. 정체성을 회복하는 길은 오직 신념뿐이다. 내가 진실로 잘 살기 위해서는 신념이 확고해야 한다. 견고한 뿌리를 뻗어 내린 나무처럼 튼튼하게 삶을 받쳐주는 강한 신념에서 오는 정체성이야말로 그 어떤 상황에서도 흔들리는 법이 없다. 그런데 천만다행스러운 것은 지금의 어려운 현실 속에서도 자신의 미래를 위해 오늘의 고통을 안으로 삭이며 도서관을 오가는 젊은이들이 아직은 우리 사회에 있다는 사실이다. 그들 역시 똑같은 아픔을 겪고 있는 세대들이지만 그들은 오늘의 아픔을 딛고 내일을 열기 위해 좌절하지 않고 고통의 문을 열고 나아가기 위해 최선을 다하고 있다. 나는 그런 젊은 세대를 보면 눈물이 난다. 이 어려운 현실이 나를 위시한 모든 기성세대들의 잘못인 것만 같아 가슴이 절절해지기 때문이다. 그러나 나는 절대 좌절하지 않는다. 과거 우리 민족은 숱한 난제를 안고도 잘 극복해오지 않았던가. 나는 어려울수록 더 강해지는 우리 민족의 위대한 저력을 믿는다.

갈릴레오 갈릴레이가 비록 법정에선 목숨을 지키기 위해 자신의 지동설을 부인했지만 법정 문을 나서며 "그래도 지구는 돈다."고 한 말은 그의 흔들림 없는 신념과 정체성이 있음을 잘 알게 해준다. 정체성은 어떤 상황에서도 자신을 바르게 지키는 유쾌한 자존을 의미한다.

자신을 소중히 하라

"자신에게 가장 훌륭한 스승은 자기 자신이다. 자신이야말로 자신을 가장 잘 알고 있고, 자신만큼 자신을 격려하고 존중해 주는 스승은 없다."

이는 《탈무드》에 나오는 말이다. 이 말에서도 보듯 이 세상에서 자신보다 더 소중한 사람은 없다. 그렇다면 자신을 스스로가 어떻게 대해야 하는지 분명해진다.

자신을 소중히 여겨라. 그리고 아낌없이 사랑하라. 자칫 이 말에 오해가 없기를 바란다. 교만하고 오만해지라는 것은 절대 아니다. 자신이 소중한 만큼 자신을 위해 최선을 다하고 최대의 결과를 이끌어 내라는 말이다.

정체성을 찾기 위해서는 어떻게 해야 할까?

첫째, 자신이 태어난 존재의 이유를 생각하라. 사람이 이 세상의 빛을 보기 위해서는 수억 분의 일의 경쟁을 뚫고 승리해야 한다. 한 사람 한 사람이 이처럼 치열한 과정을 거쳐 태어난 귀한 존재이다. 귀한 존재인 만큼 가치 있게 살아야 한다. 둘째, 자신을 가장 소중한 사람이라고 여겨라. 소중한 사람을 업신여기거나 함부로 할 수 없듯 자신을 함부로 대해서는 안 된다. 자신을 함부로 하는 것이야말로 가장 치졸한 행위다. 셋째, 자신을 사랑하고 존중하는 마음을 가져라. 자신이 자신을 사랑하지 않으면 남들도 당신을 사랑하지 않는다. 자신을 사랑하는 사람이 되라. 넷째, 자신은 유일무이한 사람이라고 생각하라. 이 세상에 자신과 똑같이 생긴 사람은 없다. 그만큼 자신은 특별한 사람이다. 이런 자신을 비하하고 함부로 여기는 것은 스스로에 대한 모독이다.

이상의 네 가지를 가슴에 새겨 틈틈이 음미하다 보면 자신을 보다 더 소중하게 생각하게 되고 가치 있게 생각하게 될 것이다. 이런 반복된 생각 속에서 자신의 정체성을 확고히 다질 수 있는 것이다.

자신을 안다는 것!

그것은 자신을 사랑하고 자신을 존중하는 일이다. 그래야만 자신의 확고한 정체성을 갖게 되고 자신의 빛나는 인생을 위해 그 어떤 시련과 역경도 감내하며 승리의 길을 걸어갈 수 있는 것이다.

자신을 똑바로 알기

지혜로운 자는 어렵다고 그 길에서 절대 도망치지 않는다. 오히려 어려운 길에서 벗어날 방법을 모색하는 데 골몰한다. 하지만 어리석은 자는 도망칠 생각만 한다. 이것이 지혜로운 사람과 어리석은 사람의 차이다.

어렵고 힘들 때에도 분명히 길은 있다. 그 길을 찾기 위해서는 자신을 새롭게 발견해야 한다. 새로운 마음으로 자신을 돌아보고 담대히 나아가라.

CHAPTER 12

걱정바이러스는
최대의 적이다

걱정바이러스를 몰아내라

무엇을 하는 데 있어 마음속에 걱정이 검은 구름처럼 잔뜩 끼어 있으면 그 일을 실행하는 데 많은 어려움을 느끼게 된다. 그것은 걱정이 마음속에 장벽을 치고 있기 때문이다. 마음이 온통 걱정으로 둘러싸여 있는데 어떻게 태연하게 일을 해 나갈 수 있을까? 아무리 강심장을 가진 사람이라 할지라도 걱정 때문에 속 편히 일을 해 나가기란 어려운 것이다.

걱정이란 나쁜 짐승과도 같다. 누구나 걱정이란 짐승을 만나면 현명하고 냉철한 마음까지 흐려지게 된다. 이는 흥분의 원리와 같다고도 할 수 있다. 지나치게 흥분을 하게 되면 극도로 침착하던 사람도 완전히 성격 급한 사람처럼 되어버린다. 그래서 사리분별을 잘 못하게 되는 것이다.

마음의 걱정은 현명이라는 뿌리가 단단한 나무를 잔바람에도 이리저리 흔들거리는 갈대가 되게 한다. 이럴 때 명심해야 할 것은 시간을 두고 천천히 냉엄하게 판단해 보는 자세가 필요하다는 것이다. 그렇지 않으면 걱정이란 짐승의 사슬에 매여 자신이 가지고 있는 능력을 제대로 활용해보지도 못하고 무위로 끝내 버리게 된다. 그러므로 걱정이란 짐승이 마음에 침투하지 못하게 해야 한다. 걱정이란 짐승은 의지가 강한 사람에겐 달려들지 못한다. 걱정이란 못된 짐승은 강력한 의지 앞엔 맥을 못 추기 때문이다. 그러나 의지가 약한 사람은 우습게 여기고 깔본다. 그래서 의지가 약한 사람이 쉽게 걱정의 노예가 되는 것이다.

누군가 말하기를 "걱정이란 인간의 성격을 파괴시키는 가장 무서운 적"이라고 했다. 또 "걱정은 인간의 모든 질병 가운데 가장 방심해서는 안 되는 파괴적인 것"이라는 말도 있다. 이를 보더라도 걱정은 매우 무서운 인생의 파괴꾼이라는 것을 알 수 있다.

미국의 유명한 외과의사인 조지 W. 크라일 박사는 "인간은 마음으로만이 아니라 심장과 폐와 내장으로도 걱정을 한다. 그러므로 걱정이나 근심은 원인이 무엇이든 간에 그 영향은 세포와 조직과 신체의 각 기관에 나타나는 것이다."라고 말했다.

당신이 쓸데없는 일에 빠져 허우적거리지 않으려면 걱정이란 못된 짐승을 경계하라. 그리고 반드시 걱정이란 못된 짐승을 물리쳐야 한다.

이성(理性)을 흐리지 마라

앞에서도 말했듯이 걱정에 매이게 되면 가장 문제가 되는 것은 이성을 흐리게 할 수 있다는 것이다. 걱정은 사람을 불편하게만 하고 아무 쓸모도 없는 것이다. 그런데 문제는 걱정이란 쓸데없는 생각에 불과하다는 것을 잘 알면서도 걱정으로부터 자유롭지 못하다는 데 있다. 이 세상 그 누구도 걱정을 함으로써 단 1mm의 키도 자라게 할 수 없고, 단 1g의 몸무게도 늘릴 수 없다. 왜냐하면 그것이 인간이 지닌 능력의 한계이기 때문이다. 하지만 그럼에도 불구하고 걱정거리가 생기면 걱정이란 바다에 빠져 걱정의 노예가 된다. 걱정의 노예가 되면 충분히 가능한 일도 불가능하게 보이고 해보지도 않고 지레 포기하고 만다.

가령 어떤 사람이 새로운 사업을 구성해서 일을 시작한다고 해보자. 누가 보더라도 그 계획은 참신하고 전도유망한 사업이다.

그런데 정작 일을 진행하는 과정에서 '일이 잘못되기라도 하면 어떡하지?'라는 생각에 사로잡힌다고 해보자. 그러면 그 일은 해보나 마나다. 미리 걱정함으로써 그 일은 이미 실패라는 자리에 놓이게 되기 때문이다. 걱정이란 어떤 일을 하는 데 있어 전혀 도움이 안 되는 방해꾼이다.

어떤 일로 인해 자신이 근심이란 큰 산에 깔려 허덕이고 있다고 해도 걱정하지 마라. 걱정을 타파할 수 있는 방법이 있기 때문이다. 그것은 바로 할 수 있다는 믿음을 갖는 것이다. 사람이 걱정에 매이게 되는 가장 큰 원인은 '내가 하는 일이 실패하면 어떡하지?' 하는 마음 때문이다.

긍정적인 말을 하는 사람은 부정적인 말을 하는 사람보다 성공할 확률이 매우 높다. 그것은 긍정적인 생각을 하는 사람은 걱정으로부터 그만큼 빗겨나 있기 때문이다.

생각해보라. 나는 할 수 있다고 말하는데 어떻게 걱정이란 방해꾼이 훼방을 놓을 수 있단 말인가? 아무리 어려운 일이 앞에 놓여 있더라도 걱정이란 못된 짐승에게 매이지 않도록 하라. 걱정이란 짐승은 틈만 있으면 파고들어 그 사람을 파멸시키려고 든다. 그리고 그 사람이 누구이든 가리지 않는 아주 건방지고 못된 녀석이다. 항상 그것을 경계하라.

어떤 유대인 소년이 있었다. 소년이 고등학교를 졸업하자 그의 아버지는 그에게 선물을 주었다. 그것은 아시아로 가는 삼등 선실의 배표였다. 그리고 아버지는 소년에게 두 가지를 당부했다. 하나는 안식일이 되기 전에 어머니에게 편지를 하라는 것과 집안을 도울 아이템을 찾아보라는 거였다.

드디어 소년은 종착지인 일본에 도착했다. 소년의 주머니엔 달랑 5파운드의 돈이 있었다. 그는 어느 바닷가에 있는 허름한 오두막에서 며칠을 보냈다. 소년이 가만히 보니 일본인들이 매일 바다 모래를 파고 조개를 잡고 있었다. 그래서 소년이 유심히 조개껍데기를 살펴보니 매우 아름다웠다. 소년은 조개껍데기로 단추나 담배 케이스 등의 상품을 만들면 좋겠다는 생각을 했다. 그래서 그도 부지런히 조개를 주웠다. 그러고는 그것을 가공하여 런던에 있는 아버지에게 보냈다. 소년의 아버지가 수레에 담아 팔았는데 날개 돋친 듯이 팔렸다. 얼마 후에는 가게를 열었고, 곧이어 가게는 2층이 되고, 3층이 되어 빈민가에서 도심지로 옮겨갔다.

일본에 있던 소년 역시 많은 돈을 벌었다. 그리고 어른이 된 소년은 석유 사업에 손을 댔고 그것을 통해 많은 돈을 벌기 시작했다. 그런데 먼 거리까지 석유를 운송하는 것이 문제였다. 그래서 그는 연구 끝에 탱커(유조선)를 직접 디자인했다. 그는 그로 인해 많은 돈을 벌었는데, 그의 이름은 매커스 사무엘이다.

소년은 집안을 도울 아이템을 찾아보라는 아버지의 말을 귀담아 듣고 무에서 유를 창조했던 것이다. 소년이 맨주먹으로 성공할 수 있었던 것은 강인한 의지에 있었다. 소년은 반드시 성공하겠다는 의지로 조개껍데기를 가공하여 단추와 담배 케이스 같은 상품을 만들었고 탱커(유조선)를 발명했다.

이 이야기를 통해서 아주 중요한 사실을 발견할 수 있다.

아버지는 소년에게 아시아로 가는 삼등 선실 배표와 약간의 돈을 주었다. 더구나 종착지인 일본에 도착했을 때에는 그의 주머니에 달랑 5파운드의 돈만이 들어있었다는 것이다. 그 돈은 집을 떠나 아는 사람 하나 없는 이역만리 머나먼 나라에서 지내기엔 턱없이 부족한 돈이었다. 우리의 상식으로 볼 때 소년의 아버지는 정말 어처구니가 없을 만큼 무모한 사람이라고 여겨질 것이다. 좀 심하게 말하면 빌어먹든 무슨 일을 하든 네가 알아서 하라는 얘기가 아닌가. 우리나라 부모라면 어린 자식을 외국으로 내보내며 그와 같이 하지는 않았을 것이다. 그런데 유대인 소년의 아버지는 그렇게 했다.

내가 여기서 말하고자 하는 것은 소년의 아버지가 아니다. 바로 소년을 말하고자 함이다. 그 상황에서도 소년의 태도는 너무도 당당했다. 아버지를 원망하거나 걱정을 하지 않았다는 것이다. 그는 바닷가 오두막에서 지내면서도 걱정은커녕 그곳 사람들을 유심히 관찰하며 살아갈 수 있는 방안을 강구했다. 그러던 중 그는 조개껍데기의 유용성을 알게 되었고 그것을 아이템으로 해서 큰 부를 쌓았고 급기야는 탱커(유조선)를 발명하는 놀라운 일을 이뤄냈다. 소년이 낯선 이국땅에서 맨주먹으로 성공할 수 있었던 비결은 무엇일까?

첫째, 긍정적이고 낙관적인 자세를 가졌다는 것이다. 둘째, 걱정이란 아무 쓸모도 없는 허섭스레기와도 같다고 여겼다는 것이다. 셋째, 꿈을 가슴 가득 품고 살길을 찾았다는 것이다. 넷째, 강한 신념의 소유자라는 것이다. 다섯째, 늘 가슴 뛰는 삶을 살았다는 것이다.

이 얼마나 능동적이고 창의적인 도전정신인가.

"우리는 잔걱정에 시달리지 말아야 한다. 잔걱정이란 건강하지 못한 마음에서 오는 파괴적인 습관에 불과할 뿐이다. 누구나 태어나면서 잔걱정하는 습관을 갖고 있지 않다. 잔걱정이란 후천적으로 얻어지는 것이다. 때문에 모든 습관이나 후천적인 태도는 언제든지 바꿀 수 있다. 그러므로 잔걱정도 우리 마음에서 얼마든지 털어버릴 수 있는 것이다."

이는 노만 빈센트 필 박사의 말이다.

그렇다, 사람은 누구나 겁쟁이도 아니고 걱정을 안고 살지는 않는다. 그것은 각 사람마다의 습관이며 성격에서 기인할 뿐이다.

그렇다면 당신은 어떤 마음의 자세를 갖고 살아가겠는가?

이에 대한 답은 분명하다.

"나는 걱정이란 못된 생각을 쓰레기통에 던져버리겠다."고 대답하는 것이다. 지금 당신이 그 무슨 일로 걱정하고 있다면 노만 빈센트 필의 〈걱정을 몰아내는 10가지 방법〉에 귀를 기울여라.

걱정을 몰아내는 10가지 방법

01 걱정은 매우 위험한 마음의 습관이다. 나는 어떤 습관도 변화시킬 수 있다고 자신에게 다짐하라.

02 사람들은 걱정을 함으로써 걱정의 노예가 된다. 독실한 신앙의 습관을 들여라. 그렇게 될 때 걱정으로부터 벗어날 수 있다. 모든 힘과 의지를 다해 신앙의 습관을 실천하라.

03 매일 아침 잠자리에서 일어나 "나는 나를 믿는다."라는 말을 세 번씩 소리 내어 외쳐라.

04 오늘 하루를, 내 생명을, 내가 사랑하는 사람을, 나의 일을 신의 손에 맡겨라. 신의 손엔 악함이 없다. 신의 손엔 선함뿐이다. 어떤 일이 일어난다고 해도, 무엇이 되더라도, 내가 신의 손 안에 있다면 그 무엇도 두려워하지 마라.

05 소극적으로 말하지 말고 적극적으로 말하라. 항상 적극적인 행동과 긍정적인 말만 하라. 그 어떤 일도 적극적으로 행하라. "오늘 재수 없는 날이 될 것 같다."는 말 대신 "오늘은 즐거운 날이 될 것이다."라고 말하라.

06 대충대충 말하고 일하지 마라. 비판적인 말이나 행동을 하지 마라. 압박감을 주는 분위기를 조성하지 말고 희망과 행복을 느끼도록 말하고 행동하라.

07 걱정이 많은 사람의 마음엔 우울함, 패배감, 부정적인 생각으로 꽉 차 있다. 이것을 마음으로부터 몰아내고 희망적이고 긍정적인 생각으로 가득 채워라.

08 희망으로 가득 찬 사람과 교류하라. 창조적이고 낙관적인 사람과 소통하라. 긍정적이고 능동적으로 행동하라. 그리고 그런 사람을 자신의 주변에 배치하라.

09 걱정으로 힘들어하는 사람을 도와주라. 남을 도와줌으로 그 걱정에서 해방될 수 있음을 믿어라. 남을 도와주다 보면 자신의 마음에도 용기와 희망이 싹트는 것이다.

10 매일 자신이 예수 그리스도의 협력자가 되어 살아간다고 생각하라. 그리고 예수께서 자신의 곁에서 함께 한다고 믿어라. 모든 것은 믿는 대로 돼을 믿어리.

당신이 걱정을 지배하며 사는 인생이 되느냐, 걱정의 노예로 사느냐는 오직 당신 스스로에게 달려있다. 아무리 좋은 음식 재료가 있다고 해도 그것은 단지 재료일 뿐이다. 그것을 맛있게 요리해야 맛깔스런 음식이 되는 것처럼 아무리 훌륭한 '지혜의 잔'이 당신 곁에 놓여있더라도 실행을 하지 않는다면 '그림의 떡'에 지나지 않는다.

당신이 당신의 인생을 좀 더 즐겁고 의미 있게 살고 싶다면 당신의 신념을 방해하고 성공을 가로막는 걱정을 물리치는 〈걱정을 몰아내는 10가지 방법〉을 지금 당장 숙지하라. 그리고 하나씩 실행에 옮겨라. 걱정은 신념을 저해하는 방해꾼일 뿐이다.

인간은 언제나 문제를 안고 살아가는 존재다. 가족 문제, 건강 문제, 돈 문제, 직장 문제, 연애 문제, 친구 문제 등 온갖 문제와 부딪히며 살아가고 있다. 늘 문제를 곁에 두고 사는 연약한 존재가 바로 우리 인간이다. 그런데 이런 문제들을 해결하지 못하면 걱정 근심의 바다에 빠져 하나뿐인 인생을 허비하며 쓸쓸하게 살아가게 된다.

우리가 인생을 즐겁게 살아가기 위해서는 인생의 문제점들을 반드시 해결해야 한다. 인생의 문제를 떠안고 있는 한 즐거운 행복은 없는 것이니까.

문제를 명쾌하게 해결하는 10가지 방법

01 어떤 문제도 반드시 해결할 수 있다는 굳은 신념을 가져라.

02 고요한 마음으로 묵상하며 최대한 평안한 마음을 가져라.

03 무리하게 문제를 해결하려고 하지 마라. 순리를 따라 차근차근 해결하라. 문제 뒤엔 항상 답이 있는 법이다.

04 주관적인 편견을 버리고 한 발 떨어져서 객관적으로 문제점을 바라보라. 처음엔 희미하나 또렷하게 보이게 될 것이다.

05 문제점을 메모지에 하나씩 적어보라. 그리하면 좀 더 생각이 분명하게 될 것이다.

06 문제점에 대해 기도하라. 기도를 하면 안 보이던 길이 보일 것이다.

07 인생의 선배나 스승에게 지혜를 구하라. 사람 사는 법은 누구나 같다. 지혜를 구하는 것도 문제 해결의 한 방편이다.

08 책을 읽어라. 책 속에 수많은 해답이 숨어 있다.

09 낯선 곳으로 여행을 하라. 새로운 기분을 전환시키는 것도 문제점을 해결하는 좋은 방법이다.

10 현실에서 피하지 말고 적극적으로 대응하는 자세를 가져라. 적극적이고 능동적인 자세야말로 문제 해결에 최정점이 될 것이다.

정해진 길은 없다!!

Guide

인생은 유한한 존재지만 노력 여하에 따라 무한한 잠재력을 계발할 수도 있다. 당신이 진정으로 자신을 사랑한다면 어떤 문제 앞에 놓이게 될지라도 절대로 실망하거나 좌절하지 마라.

당신이 원하는 것이 있다면 찾고, 구하고, 두드려라. 그러면 반드시 찾게 될 것이고, 반드시 구하게 될 것이고, 반드시 열릴 것이다.

아무리 감나무 아래서 입을 악어 같이 벌리고 있어보라. 감을 얻을 수 있나. 물론 간혹 떨어지는 감이 있다 하더라도 그것은 단지 썩고 벌레 먹은 것뿐이다. 그렇다면 이에 대한 해답은 분명해진다.

장대를 들고 감을 따던가, 아니면 감나무에 올라가서 따던가. 그것이야말로 최선의 방법이다.

인생을 살아가다 보면 생각하는 대로 되는 일보다 그렇지 않은 일이 더 많다. 하지만 그렇다고 해서 손 놓고 넋 나간 것처럼 있을 수 없는 게 인생이다. 당신에게 주어진 인생은 오직 당신 것이다. 하나뿐인 소중한 당신의 인생을 위해 승리자가 되라.

걱정바이러스 퇴치법

마음의 걱정은 현명이라는 뿌리가 단단한 나무를 잔바람에도 이리저리 흔들거리는 갈대가 되게 한다. 이럴 때 명심해야 할 것은 시간을 두고 천천히 냉엄하게 판단해 보는 자세가 필요하다는 것이다. 그렇지 않으면 걱정이란 짐승의 사슬에 매여 자신이 가지고 있는 능력을 제대로 활용해보지도 못하고 무위로 끝내 버리게 된다. 그러므로 걱정이란 짐승이 마음에 침투하지 못하게 해야 한다. 걱정이란 짐승은 의지가 강한 사람에겐 달려들지 못한다.

CHAPTER 13

실천이 없는 비전은
죽은 꿈이다

행위 없는 목표는 허구다

　신념이 제아무리 가슴에서 꿈틀거리며 요동을 친다고 해도 자신이 이루고자 하는 목표가 없다면 그것은 한낱 바람에 날리는 겨와 같다. 목표란 실천하지 않으면 절대로 딸 수 없는 하늘의 별과 같지만 실천을 확실하게 해 나간다면 반드시 달성할 수 있는 것이다. 마치 기초 공사를 하고 벽돌을 쌓고 지붕을 얹어 집을 짓는 것처럼.

　당신의 가슴에 품은 푸른 꿈을 이루고 싶다면 목표를 철저하게 세워 오늘이 마지막이라는 듯이 실천해야 한다. 아무리 목표가 번듯해도 그것을 실현시키는 것은 실천이다. 실천하지 않으면 그 어떤 결과도 얻을 수 없다.

'화중지병(畵中之餠)'이라는 말이 있다. 이는 '그림의 떡'이란 말이다. 그림에 떡이 아무리 먹음직스러운들 먹을 수는 없는 것처럼 실천이 없는 목표는 '그림의 떡'과 같다.

물론 목표를 향해 실천을 해 나가다 보면 잘못도 할 수 있고, 실패도 할 수 있다. 잘못하지 않고 실패하지 않는 인생은 그 어디에도 없다. 잘못과 실패는 사람이라면 항상 하는 사소한 일과 같은 것이다. 잘못하고 실패할까 두려워 자신이 해야 할 일을 하지 않는다고 해보라. 그것은 매우 어리석고 어처구니없는 일이다.

이에 대해 프라케트는 "한 가지 목표를 세우고 그 길을 향해 걸어가라. 잘못도 하고 실패도 할 것이다. 그러나 다시 일어나 그 길을 향해 나아가라."고 말했다. 참으로 정문일침(頂門一鍼)과도 같은 말이 아닐 수 없다.

목표가 없는 인생은 죽은 인생이다. 자신이 죽은 인생으로 살고 싶지 않다면 목표를 세우고 과단성 있게 실천하라.

명품인생이 되라

그림을 그릴 때 맨 먼저 스케치를 한다. 그리고 그 위에 알맞은

색을 칠하고 자신이 원하는 그림을 그려 나가는 게 그림 그리는 원칙이다.

모든 삶도 이와 같다. 사람에겐 누구나 자신이 원하는 목표가 있다. 그런데 자신이 원한다고 해서 목표가 저절로 이루어지는 것은 아니다. 자신이 이루고 싶은 꿈에 대한 목표를 세우고 착실하고 독하게 실천해 나가야 한다. 그렇게 될 때 명품인생을 살아가게 되는 것이다.

미국 사람들이 가장 존경하고 닮고 싶어 하는 사람 중에 한 사람이 바로 벤저민 프랭클린이다. 그는 1706년 보스턴에서 태어났다. 하지만 그는 지독하게 가난한 집안 환경 때문에 공부를 할 수 없었다. 어린 시절부터 그는 공부 대신 아버지가 경영하는 양초와 비누 만드는 공장에서 일을 거들어야 했다. 그만큼 살기가 어려웠다. 그러다 형이 운영하는 인쇄소에서 견습공으로 일을 하게 되었다. 그 일은 어린 그에게 매우 힘들고 벅찬 일이었지만, 긍정적이고 능동적인 그의 성격으로 잘 이겨낼 수 있었다.

또한 그가 힘들고 어려운 현실을 잘 극복해 낼 수 있었던 것은 그에겐 꿈이 있었고, 그 꿈은 그를 지탱하게 하는 큰 원동력이었기 때문이다. 비록 그는 학교는 다니지 못했지만 자신의 꿈을 이루기 위해 일하는 틈틈이 많은 책을 읽고, 대화하고, 글 쓰는 법을 스스로 공부해 나갔다. 그렇게 해서 실력을 쌓은 그는 자신의 가슴에 품은 꿈을 이루기 위해 목표를 세우고 하나씩 실천해 나갔다.

그는 우선 어린 시절에 익혔던 인쇄술을 기반으로 하여 〈펜실베이니아 가제트(Pennsylvania Gazette)〉지를 인수하여 경영자가 되었다. 나아가 도서관을 짓고 펜실베이니아 대학교의 전신인 필라델피아 아카데미를 창설했다. 그리고 그는 피뢰침을 발명하여 획기적인 성과를 이루어 냈다. 그는 이런 공로를 인정받아 영국에 거주하지 않는 사람으로는 최초로 영국왕립학회 회원으로 선정되어 영국 최고의 명예인 코플리상을 받았다.

프랭클린은 체신부 장관이 되어 우편제도를 개선하고, 영국에 파견되어 '자주과세권'을 획득하고 인지조례의 철폐를 성공시킴으로써 미국 국민들의 열렬한 지지를 받았다. 또한 그는 1775년 대륙회의의 펜실베이니아 대표로 뽑혔고 1776년에는 독립기초위원회에 임명되었다. 프랭클린은 다방면에서 뛰어난 능력을 발휘했다. 이처럼 그가 다방면에서 큰 업적을 남길 수 있었던 것은 그의 천재적인 능력에도 있지만, 그보다는 목표를 확실하게 세우고 철저하고 빈틈없는 자세로 실천해 나갔기 때문이다.

우리는 여기서 좀 더 진지해야 할 필요가 있다. 그것은 그가 자신에게 주어진 최악의 환경을 뛰어넘어 최고의 인생명작을 쓸 수 있었던 것에 대해 주목해야 한다는 것이다. 그는 평범하게 살아갈 수밖에 없는 처지에도 절대 굴하지 않고 자신의 가치를 최고치로 끌어 올린 명품인생이었다. 대개의 사람들은 그와 똑같은 환경이라면 자신의 처지를 비관하고 개탄하는 경우가 많은 게 사실이다. 그러나 그는 명품인생이라는 목표를 위해 자신의 꿈을 철저하게 세워 죽을 듯이 독하게 실천했기 때문에 성공적인 인생이 되어 미국인들의 영원한 영웅이 될 수 있었던 것이다.

목표 없는 인생은 죽은 인생이다

지금 우리의 젊은 세대는 그 어느 때보다 힘들게 살아가고 있다. 높은 학력에다 외적으로 많은 것을 갖고 있어도 취업이 쉽지 않다. 그러다 보니 '88만원 세대'라는 명예롭지 못한 신조어가 거리에 난무하고 젊은이들의 가슴에 대못을 치고 있다. 그러나 삶은 그 어느 시절에도 우리 인간들에게 아량을 베풀고, 혼란과 아픔 속에서 벗어나 새로운 삶의 길을 열어주었다.

보릿고개라는 말이 난무하던 시절, 그 당시 사람들이 얼마나 고통스럽게 시대를 건너왔는지를 생각해보면, 뿌연 안개가 낀 것 같이 앞이 보이지 않던 시절에도 과거의 세대들은 절망하지 않고 그 험난한 길을 오롯이 걸어 오늘에 이르렀다.

당시에는 자본도 기술도 물자도 아주 척박했다. 눈에 보이고 손에 잡히는 가장 확실한 그 무엇도 없었다. 그야말로 최악이었다. 그러나 그들에게는 꿈이 있었다. 불타는 꿈이 그들의 가슴을 뜨겁게 만들며 노력하고 탐구하는 열정을 갖게 했다. 그 결과 그들은 무에서 유를 창조하고 오늘을 맞은 것이다. 그런데 지금 힘들다고 아우성을 치고 미래를 포기한다는 것은 삶에 대한 예의가 아니다. 우리는 지난 시절 무에서 유를 창조한 저력을 갖고 있다. 그 저력을 쉽게 포기해서는 안 될 것이다.

가장 어려울 때를 기회로 삼아 일어설 수 있는 자가 슬기롭고 강한 사람이다. 당신도 그런 사람이 될 수 있다. 당신에게도 꿈이 있고 푸른 미래가 있지 않은가. 그것을 한시도 잊어서는 안 될 것이다.

다음은 '꿈의 인생'을 만드는 다섯 가지의 원칙이다.

첫째, 목표에 대한 준비를 철저하게 하라. 자신이 남보다 나은 위치에서 살고 싶다면 자신이 하고자 하는 일에 대해 잘 알아야 한다. 표피적인 아니라 깊이 아는 것이 좋다. 깊이 알기 위해서는 많이 알아야 한다. 그러기 위해서는 그 분야에 대해 자료와 정보를 수집하고 그아 관계된 진문기관이나 사람들과 교류하는 것이 좋다. 그렇게 될 때 폭넓은 지혜와 지식을 습득하게 되어 성공적인 자신의 길을 가게 되는 계기를 마련할 수 있는 것이다. 둘째, 항상 성공한 자신의 미래를 상상하라. 자신이 성공적인 인생이 되려면 이것만큼 효과적인 것도 없다. 자신이 성공해서 즐겁게 살고 있는 모습은 생각만으로도 기쁨을 주고 매력적이다. 그런데 어떻게 지금의 자신을 낭비하며 게으르게 둘 수 있단 말인가. 성공적인 인생의 길이 보이는데도 그대로 방치한다는 것은 자신에 대한 예의가 아니다. 셋째, 자신을 혹독하게 훈련시켜라. 자신을 혹독하게 훈련시킬 수 있는 자만이 남보다 나은 자리를 차지할 수 있고 그런 만큼 행복한 삶을 누리게 된다. 자신을 혹독하게 담금질하는 사람이야말로 자신을 진정으로 사랑하는 사람이다. 하지만 자신에게 관대한 사람일수록 자신을 그대로 방치하는 경향이 많다. 이런 경향의 사람들은 자신에게 관대한 것을 자신을 사랑하는 것으로 알고 있지만 그것은 착각일 뿐이다. 동서고금을 막론하고 성공적인 인생을 산 사람들이나 살고 있는 사람들은 그 누구라 할지라도 자신에게 냉엄하도록 혹독했다. 자신이 그것을 인정할 때만 성공적인 길로 나아가는 길에 열정을 바칠 수 있을 것이다. 넷째, 철저하고 독하게 실천하라. 실천하지 않으면 아무런 결과도 얻을 수 없다. 여기 최고급 한우와 최고의 양념이 있다고 가정해보라. 그것을 맛있게 해 먹으려면 앞치마를 두르고 최선의 솜씨를 부리며 음식을 해야 한다. 그래야 보기도 좋고 먹기도 좋은 음식이 되는 것이다. 그런데 앞치마를 두르기는 고사하고 손끝 하나 대지 않는다고 해보라. 그것은 단지 그림의 떡에 불과할 것이다. 그림의 떡이 아무리 먹음직스럽고 군침을 돌게 한다고 해도 그것은 먹을 수 없는 허상일 뿐이다. 또한 매우 근사한 리조트 프로젝트가 있는데 사람들이 많은 관심을 갖고 사업에 투자할 것을 결심하고 주주가 되기로 했다고 하자. 그런데 기공식을 하고 사업을 추진해야 하는데 아무것도 달라지는 것이 없다면 그건 하나의 꿈에 불과한 것일 뿐이다. 실천이 따르지 않는데 아무리 프로젝트가 좋으면 무엇 하겠는가? 단지 일장춘몽(一場春夢)에 지나지 않는 허상일 뿐이다. 실체가 없는 것은 그 아무리 겉을 멋지게 포장을 해도 단맛이 없는 사탕에 불과하다. 단맛 없는 사탕을 좋아할 사람은 그 어디에도 없을 테니까 말이다. 자신에게 누구나 근사하게 여길 꿈이 있다면 온몸을 던져서라도 실천하라. 그런데 자신이 움직이지 않고 가만히 있다면 누가 자신을 책임져줄 것인가. 자신의 인생을 책임질 사람은 오직 자신뿐이다. 다섯째, 가난을 슬퍼하지 말고 꿈이 없음을 반성하라. 가난은 삶을 살아가는 데 있어 모든 면에서 불편하게 한다. 먹는 것, 입는 것, 자동차, 집 등 갖고 싶은 것 하고 싶은 것 그 모두를 할 수 없다. 가난은 이처럼 사람을 초라하게 만든다. 그러나 가난한 것보다 더 초라한 것은 꿈이 없는 것이다. 꿈이 없는 인생은 미래가 없다. 미래가 없는 인생이 어찌 푸른 하늘 아래서 호흡을 하며 밝은 내일이 오길 기대할 수 있단 말인가. 하지만 꿈이 있다면 문제는 크게 달라진다. 가난한 사람도 희망을 갖고 살아가게 하는 원동력은 바로 꿈이다.

꿈을 가져라. 언제나 꿈꾸는 사람이 되라.

"내일 비록 세상에 종말이 온다고 해도 나는 한 그루 사과나무를 심겠다."고 한 스피노자를 보라. 그의 위대성은 바로 최악의 순간에도 사과나무를 심겠다는 강한 실천적 의지에 있다. 여기서 사과나무는 꿈을 말하는데 이 얼마나 경이로운 희망을 노래하는 말인가.

인류는 수없는 악조건 속에서도 거듭 진화를 해왔고, 진화를 해나갈 것이다. 인류의 위대함은 바로 그 어떤 조건 속에서도 강하게 적응하고 살아남아 새로운 세계를 이루어 냈다는 데 있음을 기억하라. 그렇다면 당신도 할 수 있다. 당신의 몸에도 위대한 인류의 거룩한 피가 흐르고 있질 않은가. 그 아무리 삶이 당신을 고달프게 하고 슬프게 해도 기죽지 말아야 한다. 당신은 위대한 인류의 후손임을 잊지 마라.

누구나 자신의 인생을 꿈의 인생으로 만들어 갈 수 있음을 잘 알았을 것이다. 당신이 꿈의 인생이 되고 싶다면 앞에서 말한 다섯 가지 원칙을 실천에 옮겨라. 망설이지 말고 지금 당장 하라. 바보들은 확실한 것을 두고도 항상 머뭇거리지만, 지혜로운 자는 불

확실한 것도 시도하여 가능하게 만든다.

그렇다면 당신은 어떤 선택을 할 것인가?

그것은 오직 당신이 결정할 문제이다. 왜냐하면 그 선택 여하에 따라 당신은 바보가 될 수도 있고 현자가 될 수도 있기 때문이다.

'꿈의 인생'의 다섯 가지 원칙

'꿈의 인생'을 만드는 다섯 가지 원칙은 첫째, 목표에 대한 준비를 철저하게 하라. 둘째, 항상 성공한 자신의 미래를 상상하라. 셋째, 자신을 혹독하게 훈련시켜라. 넷째, 철저하고 독하게 실천하라. 다섯째, 가난을 슬퍼하지 말고 꿈이 없음을 반성하라.

날마다 자신을
새롭게 하기

CHAPTER 14

치열하게
계속 시도하라

앉아서 잘 되기를 바라지 마라

무슨 일을 시작할 때는 계획을 철저하게 세우고 일을 추진해야 한다. 계획을 빈틈없이 세웠지만 추진력이 약하면 그 일을 성공적으로 이끌어내는 데 무리가 따른다. 추진력은 자동차로 치면 엔진과 같다. 엔진이 약하면 차의 성능이 떨어져 제 기능을 다할 수 없다. 일에 있어 추진력을 높이려면 적극적인 자세로 임해야 한다. 책상머리에 앉아 일을 성공적으로 이끈다는 것은 쉽지만은 않다. 물론 인터넷 쇼핑몰이 활기를 띠는 정보화 시대임을 감안한다면 그 또한 요원한 것은 아니다. 분명한 것은 제아무리 정보화 시대라고 해도 기다리지 않고 발로 직접 찾아가는 것과는 차원이 다르다.

가령 맛있는 사과를 재배하는 사람이 있다고 하자. 신문이나 인터넷을 통해 제품을 홍보할 수는 있어도 그 사과 맛을 직접 보여 줄 수는 없다. 소비자들 중엔 그 사과의 품질과 맛이 어떤지를 직접 보고 싶어 하는 사람들이 많을 것이다.

그렇다면 어떻게 해야 할까?

사과를 가지고 직접 찾아가야 한다. 사과를 갖고 직접 찾아가서 사과 맛을 보여 주는 것이다. 따라서 가장 합리적인 판매 전략은 마케팅과 발품, 이 두 가지를 병행해야 하는 것이다. 직접 발로 뛰는 것처럼 확실한 건 없으니까 말이다.

한 가지 예를 더 보자.

자동차 마케팅 중에 소비자들에게 쉽게 다가가는 방법은 무얼까?

그것은 소비자에게 차를 직접 몰아볼 수 있는 기회를 주는 것이다. 이 시승식이야말로 자동차 회사와 소비자들을 밀착시킬 수 있는 좋은 방법이다. 왜냐하면 소비자가 직접 체험함으로써 자동차에 대한 관심을 갖게 하여 선택의 기회를 제공하는 것처럼 직접적이고 효과적인 마케팅은 없기 때문이다. 또한 철저한 고객관리로 맨투맨 작전을 펼치며 한 사람을 세일즈 포스트(Sales Post)로 삼아 한 사람이 두 사람이 되게 하고, 열 사람 백 사람이 되게 하는 것이다. 그렇게만 할 수 있다면 머지않아 그 결과가 눈앞에 확연히 드러나게 될 것이다.

해리 오버스트리트 교수는 자신의 저서 《인간 행동에 영향력을 주는 법》에서 "행동은 욕망의 소산이다. 그리고 경제계, 가정, 학교, 정치계, 예술계, 문화계 등 각 분야에 있는 사람들에게 해주어야 할 충고는 남에게 필요한 것을 알려주거나 창조해 주고 그것을 충족시킬 줄 아는 사람은 전 세계 어디를 가나 여유만만하게 살 수 있다. 그러나 필요한 것을 충족시킬 줄 모르는 사람은 고독하게 살게 된다."고 말했다.

이 말이 의미하는 것은 자신이 잘 살 수 있는 길은 남에게 필요한 것을 알게 해주는 능력이라는 것이다. 즉, 잘 살고 싶다면 남에게 필요한 것을 제공하라는 것이다. 이를 좀 더 부연해서 말하면 적극적으로 기회를 찾아 나서라는 뜻이다. 내가 가진 것을 주다 보면 나를 알리게 되고, 타인들로부터 나의 능력을 인정받게 된다는 것이다. 이처럼 능동적이고 적극적인 자세야말로 타인에게 자신의 존재를 확실하게 각인시키기 좋은 방법이다.

아이스그림의 내병사인 배스킨라빈스의 창업자 어바인 라빈스. 그가 아이스크림 프랜차이즈의 대명사가 된 것은 1945년 제2

차 세계대전이 끝나고 나서였는데 그때 그는 육군에서 막 제대를 했을 때였다. 그 당시 아이스크림만 파는 가게는 그 누구도 상상하지 못했는데 그는 미국 캘리포니아 글렌데일에서 〈스노버드〉라는 이름의 가게를 냈다.

그는 훗날 이에 대해 말하기를 자신은 정신 나간 일을 벌이고 싶었다고 했다. 이는 남과 똑같이 하지 않고 개성 있게 운영을 하고 싶었다는 말이다.

라빈스는 매부와 동업을 하며 31가지 맛을 내는 아이스크림 개발에 열정을 쏟아 부었다. 그의 피나는 노력은 그가 원하는 대로 놀라운 결과를 가져다 주었다. 그의 톡톡 튀는 아이디어는 그에게 부와 명성을 안겨 주었던 것이다.

그는 미국을 벗어나 전 세계에 자신의 꿈을 심기 시작했다. 가만히 앉아서 꿈을 키워갈 수 없는 것이니까. 그는 적극적인 마케팅 전략을 펼친 끝에 30여 개 나라에 5,800개가 넘는 매장을 거느리는 아이스크림 거부가 되었다.

그는 어린 시절 아버지가 운영하는 아이스크림 가게에서 손님들에게 아이스크림을 퍼주며 자신의 꿈을 키웠다. 결국 그의 꿈은 그가 원하는 대로 이루어졌고 그는 행복한 삶을 사는 최고의 인생이 되었다.

자신의 꿈을 실현시키기 위해 날마다 도약을 꿈꾸며 최선을 다한 어바인 라빈스. 앉아서 기다리면 기회는 오지 않는다. 기회는 적극적으로 찾아서 만드는 것이라는 철저한 도전정신으로 자신의 꿈을 이뤄냈다.

"꿈 꿀 수 있는 것은 그것이 무엇이든 이룰 수 있다."는 괴테의 말처럼 그의 꿈은 이루어졌던 것이다.

꿈의 기회를 찾기 위해서는 적극적인 자세가 필요하다.

첫째, 배나무 밑에 앉아 기다린다고 해서 저절로 배가 입 속으로 들어오지 않는다. 배가 먹고 싶다면 직접 따서 먹어야 한다. 이것이야말로 배를 먹을 수 있는 가장 확실한 방법이다. 둘째, 부지런한 새가 더 많은 먹이를 구하는 법이다. 더 많은 것을 얻고 싶다면 부지런한 인생의 새가 되어라. 셋째, 발로 뛰는 것만큼 확실한 것은 없다. 몸으로 부딪혀 얻는 것이야말로 자신의 인생을 더욱 견고하게 만들어 줄 것이다. 넷째, 인간관계는 앉아서 이루어지지 않는다. 만나고 얘기하고 웃고 떠들면서 때론 먹고 마시면서 만들어지는 것이다. 다섯째, 자신을 변화시키는 가장 좋은 방법은 자신을 사람들 앞에 노출시켜 그들과 함께 하는 것이다. 그렇게 될 때 보고 듣고 얻을 것이 많아져 자신을 좀 더 새로운 길로 나아가게 하는 새로운 에너지가 분출하는 것이다.

계속 시도하고 시도하라

아무리 태산 같은 꿈을 품고 있다고 해도 그것을 끄집어내어 시도하지 않는다면 그것은 꿈으로 끝나버리기 십상이다. 행함이 따르지 않는 꿈은 책상서랍에 묻혀버리고 마는 것이다. 목표를 이루고 싶다면 그 목표를 향해 적극적으로 밀어붙여라.

'탱크의 법칙'을 들어 본 적이 있는가?

탱크는 수십 도의 경사가 진 언덕은 물론 험한 자갈밭 길도 그곳이 어디든 거침없이 간다. 탱크가 지나간 곳은 여지없이 초토화가 된다. 그야말로 천하무적이다. 이 저돌적인 탱크를 닮은 '탱크의 법칙'이 소프트웨어 중심 사회에서 무슨 소용이 있느냐고 반문할 것이다. 시대에 뒤떨어진 낡은 사고방식이라고 할 것이기 때문이다. 그러나 그건 잘 모르고 하는 말이다. 이 탱크법칙이야말로 복잡 다양한 경쟁사회인 현대를 살아가기 위한 최선의 방법이다. 현대사회는 무수한 경쟁자들로 가득한 정글이다. 치열한 정글에서 살아남기 위해서는 강인한 의지가 필요하다. 탱크의 법칙은 바로 강한 의지와 신념에서 나온다. 그렇기 때문에 탱크의 법칙은 이 치열한 경쟁사회에 반드시 필요하다.

소프트웨어 중심의 현대사회와 탱크의 법칙은 언밸런스지만 복잡한 사회 구조에서는 탱크와 같은 저돌적인 자세가 최선일 수 있음을 똑똑히 알아야 한다.

김덕수 사물놀이의 리더인 김덕수를 보자. 그는 장인 정신으로 똘똘 뭉친 가장 한국적인 예술가다. 작은 키에 당차고 단단한 그는 신명나는 사물놀이를 펼칠 때 가장 행복하고 가장 한국적인 사람이 된다.

그가 취한 사물놀이는 꽹과리, 징, 북, 장구 네 개의 타악기로만 구성되었다. 어찌 보면 아주 단순한 것 같지만 함께 어우러지며 내는 소리는 듣는 사람들의 어깨를 흔들게 하고, 덩실덩실 춤까지 추게 만드는 묘한 매력을 발산한다. 이것이 그가 사물놀이를 만든 가장 중요한 요인이고, 그러한 그의 생각대로 사물놀이는 국악에 있어 하나의 장르로 굳건히 자리를 잡은 지 이미 오래다.

사물놀이는 국내는 물론 해외에서도 큰 반향을 일으키며 가장 한국적인 것을 상징하는 매체로 작용할 만큼 그 위상을 높였다. 그가 자신의 진가는 물론 한국의 전통예술을 세계에 널리 알리게 된 것은 그의 신념의 산물이다. 그는 자신의 신념을 펼치기 위해 세계 곳곳을 탱크처럼 누비며 가장 한국적인 예술을 세계에 알리는 데 공헌한 예술인이다.

그의 훌륭한 예술정신은 우리 것에 대한 강한 애착을 지닌 집념에 있다. 김덕수는 모든 분야에서 새롭다는 명분 아래 외국 것을 선호하고 무조건 따라 하기에 여념이 없는 사람들 숲에서 고집스럽게 우리 것을 사랑하고 보존하는 일은 물론, 그것을 세계에 알리는 일에도 남다른 열정과 끼를 아끼지 않았다. 그는 단순한 국악인 아니라 새로운 것을 받아들여 더 새롭게 재창조하는 능력을 지닌 창의적인 예능인이다. 자신이 무언가를 이루고 싶다면 시도하라. 그리고 계속 시도하라.

능동적으로 시도하는 자세란 무엇일까?

첫째, 자신이 하는 일을 의심하지 말고 시도하라. 충분히 할 수 있는 일도 의심함으로써 망치게 된다. 그것을 경계하라. 둘째, 한 번 해서 안 되면 두 번, 세 번 그리고 될 때까지 하라. 해서 안 되는 일은 없다. 안 된다고 믿는 것은 다만 끈기가 부족한 탓이다. 셋째, 지금 할 일을 내일로 미루지 마라. 못된 송아지 엉덩이에 뿔나듯 잘못된 습관이 평생을 간다. 잘못된 습관은 고질병과 같음을 명심하라. 넷째, 자신이 할 일을 남에게 미루지 마라. 왜 자신의 인생을 남에게 맡기려고 하는가. 그것처럼 멍청한 짓은 없다. 다섯째, 길이 없으면 찾고, 찾아도 없으면 만들어라. 로마로 가기 위해서는 로마로 가는 길을 닦으면 된다. 여섯째, 자신의 잘못을 남에게 돌리지 마라. 자신을 인정하는 것이야말로 가장 자신에게 솔직한 것이다. 잘못한 것은 다시 하면 된다. 조금 시간이 지체될 뿐이다. 그것을 두려워하지 마라. 일곱째, 자신의 징체성을 잃지 마라. 정체성을 잃게 되면 그 어떤 일도 못하게 된다. 정체성을 잃게 되면 꿈과 목적의식이 달아나기 때문이다.

이상 일곱 가지의 방법을 숙지하고 하나씩 하나씩 차분하게 실천해보라. 그러면 반드시 그 어떤 일도 능동적으로 시도하게 될 것이다.

오늘을 죽을 듯이 살아라

날마다 맞는 오늘이지만, 하루하루는 매우 소중하다. 오늘은 어제와 내일을 이어주는 한가운데에 있는 시간의 정점이다. 이 시간을 잘 쓰는 것이야말로 다가오는 내일을 효과적으로 받아들이게 되는 것이다. 이 소중한 시간을 허비할 수는 없지 않은가.

지금의 시간은 나하고는 무관하다는 듯 여기고 사는 사람들이 있다. 특히, 정체성의 혼돈에 빠진 젊은 세대들이 더욱 그렇다. 물론 경제적으로 사회적으로 심각한 문제점을 안고 있어 뜻한 바를 실현한다는 것이 매우 힘들다는 것은 누구나 다 알고 있는 사실이지만, 그렇다고 해서 오늘이란 시간을 될 대로 되라는 식으로 살아갈 수는 없다.

시간은 흐르는 강물처럼 사람들을 기다려주지 않는다. 다만 흐르고 흘러갈 뿐이다. 시간을 가두어 놓을 수만 있다면 얼마나 좋을까. 그러면 필요할 때 필요한 만큼만 빼내 쓸 수 있을 것이다. 그러나 시간은 인간이 관리할 수 있는 범주를 벗어난 우주의 법칙이며 신의 영역인 것이다. 누가 감히, 신의 영역에 화살을 꽂을 수 있단 말인가? 이치가 이런데도 남아도는 것처럼 시간을 허비한다면 그것은 자신의 손실이며 나아가 사회적 손실이며 국가적 손실이다.

시간을 함부로 낭비하지 마라. 그것은 자신의 인생에게 주어진 행복의 권리를 찾는 일을 포기하는 것과 다름없다. 아무리 현실이 힘들고 어려워도 시빌 F. 패트릭의 〈오늘만은 이렇게 살자〉를 음미하며 용기와 희망을 얻어 즐거운 인생이 되라.

오늘만은 이렇게 살자

01 오늘만은 행복하게 지내자. 진정한 행복은 내부에 존재한다. 그것은 외부에서 오지 않는다.

02 오늘만은 자신을 사물에 적응시켜라. 사물을 자기가 원하는 대로만 지배해서는 안 된다. 가족, 일, 운을 있는 그대로 받아들여 자기를 거기에 적응시켜라.

03 오늘만은 몸을 소심하라. 적당히 운동을 하고 영양을 섭취하라. 몸을 혹사하거나 함부로 하지 마라. 그러면 몸은 내 명령

에 따르는 완전한 일체가 될 것이다.

04 오늘만은 내 마음대로 강하게 하라. 자기에게 이로운 것을 배워라. 정신적인 게으름뱅이가 되지 마라. 노력과 집중력을 길러주는 책을 읽어라.

05 오늘만은 세 가지 방법으로 영혼을 움직여라. 남이 알아차리지 못하게 선한 일을 행하라. 윌리엄 제임스가 말한 것처럼 수양을 위해 적어도 두 가지는 자신이 하고 싶은 것을 하라.

06 오늘만은 유쾌한 태도를 가져라. 되도록 기력이 왕성한 모습을 하고, 어울리는 옷을 입고, 조용히 말하고, 예의 바르게 행동하고, 아낌없이 남을 칭찬하라. 그리고 남을 비판하지 말며 그 어떤 약점도 지적하지 말고, 남을 훈계하거나 경고하지도 마라.

07 오늘만은 오늘 하루를 위해 열심히 살아라. 인생의 모든 문제를 한꺼번에 처리하려고 하지 마라. 그 어떤 일도 단 한 번에 이루어지는 것은 그리 흔치 않음을 기억하라.

08 오늘만은 하루의 계획을 세워라. 시간마다 해야 할 일을 적어 두라. 그대로 다는 할 수 없을지라도 해보라. 초조와 게으름을 제거할지도 모른다.

09 오늘만은 30분 동안 혼자서 조용히 쉴 수 있는 시간을 가져라. 그리하면 자신의 인생에 대한 올바른 인식을 할 수 있을

것이다.

10 오늘만은 두려움을 갖지 마라. 행복해져라. 아름다운 것을 즐기고 사랑하라. 내가 사랑하는 것이 나를 사랑하고 있다고 믿고 두려움을 갖지 마라.

로마제국의 황제이자 위대한 철학자인 마르쿠스 아우렐리우스는 "우리 인생은 우리가 생각하는 대로 이루어진다."고 했다.

백 번 천 번 옳은 말이다.

지금 우리가 누리고 사는 모든 문명은 과거 선대 인류들이 만들어 놓은 터전 위에서 시작되었고, 지금은 우리들에 의해 진화를 계속하고 있다. 자신이 남보다 더 나은 인생을 추구하고 싶다면 남들이 무엇을 하든 개의치 말고 자신의 일에 몰입하라. 그 어느 분야에서건 몰입하는 자가 결국 최후의 승자가 될 것이다. 늘 부지런하라. 삶은 부지런한 인생을 원한다.

시빌 F. 패트릭의 〈오늘만은 이렇게 살자〉에서 보듯 긍정적이고 능동적인 마인드를 간직하며 항상 역동적인 생각을 갖는 당신이 되라. 삶은 그런 당신에게 원하는 것을 주고 승자의 기쁨을 누리게 할 것이다.

탱크의 법칙

탱크는 수십 도의 경사가 진 언덕은 물론 험한 자갈밭 길도 그곳이 어디든 거침없이 간다. 탱크가 지나간 곳은 여지없이 초토화가 된다. 그야말로 천하무적이다. 이 저돌적인 탱크를 닮은 '탱크의 법칙'은 복잡 다양한 경쟁사회인 현대를 살아가기 위한 최선의 방법이다.

현대사회는 무수한 경쟁자들로 가득한 정글이다. 치열한 정글에서 살아남기 위해서는 강인한 의지가 필요하다. 탱크의 법칙은 바로 강한 의지와 신념에서 나온다. 그렇기 때문에 탱크의 법칙이야말로 이 치열한 경쟁사회에 반드시 필요하다.

17 KINDS OF
SUCCESS
HABITS

CHAPTER 15

성공한 인생을 거울삼아
언제나 할 수 있다고 믿어라

성공한 인생을 벤치마킹하라

"당신은 성공을 꿈꾸는가?"라는 질문을 받는다면 누구나 그렇다고 대답할 것이다. 성공은 누구나 이루고 싶은 인간의 간절한 욕망이다. 이에 대해 정신분석학자인 프로이트는 인간은 누구나 하나의 공통적인 소원이 있는데 그것은 "위대한 사람이 되려는 욕망(desire to be great)"이라고 말했다. 탁월한 교육자이자 철학자인 존 듀이는 그것을 "사회적으로 중요한 인물이 되려는 욕망(desire to be important)"이라고도 했다. 이를 다시 하나로 묶어서 정의한다면 인간은 누구나 VIP(Very Important Person)가 되길 원한다고 할 수 있겠다.

그렇다면 왜 인간은 중요한 사람이 되길 원할까?

그것은 인간의 마음속엔 남보다 내가 더 행복하고 더 나아야 한다는 우월감이 자리하고 있기 때문인데 이는 남보다 더 폼 나게 살고 싶기 때문이다. 그래서 남보다 더 좋은 집, 더 나은 차, 더 나은 직업, 더 나은 직책을 원하는 것이다. 이것은 인간 누구나가 지닌 보편적인 생각이다.

그런데 문제는 아무리 이런 욕망을 마음속에 가지고 있다고 해도 그냥 되는 것은 아무것도 없다는 것이다. 자신의 뜻을 이루려면 코피 터지는 노력이 따라야 한다. 남들 잘 때 나도 자고 남들 놀 때 나도 논다면 그것은 불을 보듯 뻔한 결과를 가져온다. 어떻게 남하고 똑같이 하고선 그 이상을 바란단 말인가?

그렇다면 어떻게 해야 성공의 길로 가서 중요한 사람이 될 수 있을까?

이는 어찌 보면 매우 우스꽝스러운 질문이거나 상식을 밑도는 질문이라고도 할 수 있겠다. 코피 터지게 노력하면 그 길이 보이는 확률이 그만큼 높기 때문이라는 것은 지극히 상식적인 거니까. 하지만 같은 노력을 기울여도 방법의 차이에 따라 그 결과는 180도로 달라진다. 그것은 효율성의 문제인데 무조건 피나는 노력을 하는 것도 중요하지만, 그보다는 좀 더 효과적인 방법을 취해야 한다는 것이다. 그것은 바로 자신이 가고 싶은 길에서 먼저 성공한 사람을 벤치마킹하는 것이다. 그 사람이 했던 대로 똑같이 따라만 해도 어느 정도는 좋은 결과를 기대할 수 있다. 왜냐하면 이미 그 방법은 검증되었기 때문이다.

뉴턴은 떨어지는 사과를 보고 당시 아무도 발견하지 못한 만유인력의 법칙을 발견해 냈다. 그가 이뤄낸 연구 실적은 오늘의 과학을 발전시키는 데 지대한 공을 세웠다.

그런데 이런 뉴턴을 존경한 사람이 있었는데 그는 바로 20세기 최고의 과학자라고 일컫는 아인슈타인이다. 아인슈타인은 뉴턴의 위대한 과학적 성과를 닮고 싶었다. 그는 자신의 그런 마음을 가슴에 담아두고만 있지 않았다. 그 역시 과학을 탐구하는 길에서 뉴턴 못지않은 과학자의 길을 가고 싶었던 것이다. 아인슈타인은 결심이 서자 그 즉시 뉴턴을 벤치마킹하기 시작했다. 그러는 과정에서 힘들고 어려운 일도 많았다. 하지만 아인슈타인은 근성 있는 자세를 견지하며 연구에 연구를 거듭했다. 그 결과 뉴턴을 뛰어넘는 오늘날 최대의 과학적 성과물인 특수상대성 이론을 발견하는 놀라운 결실을 맺을 수 있었다.

미국의 35대 대통령인 존 F. 케네디는 40대에 미국인들의 전폭적인 지지와 인기를 한 몸에 받으며 절정을 구가한 대통령이다. 그가 미국 국민의 절대적인 지지를 한 몸에 받은 것은, 전 세계 민주주의의 대표 격인 미국의 대통령으로서 공산주의 대표 격인 구소련의 후르시초프 공산당 총서기장과의 힘겨루기에서 절대적 우위를 점했기 때문이다. 그가 내세운 정치적 기치는 강한 미국, 힘 있는 미국, 전 세계의 질서와 평화를 책임지는 세계 경찰국가로써의 역할이었다. 이러한 정책은 존 F. 케네디를 미국의 미래와 평화를 위한, 가장 적합한 인물로 미국 국민들에게 강하게 인식시켰던 것이다. 그는 언제 어디서나 누구를 만나든 늘 당당하고 활기가 넘쳤다. 그에게는 에너지가 샘물같이 넘쳐흘렀고 자신의 사전에는 불가능이란 없다고 말한 나폴레옹과 같은 굳은 신념과 의지가 불꽃처럼 타올랐다. 그런 존 F. 케네디 대통령의 당당하고 멋있는 모습은 청소년들은 물론 대학생과 일반인들까지 환상에 젖게 했다.

미국에는 전국에서 뽑힌 우수한 학생들에게 대통령 표창장을 수여하는 제도가 있다. 빌 클린턴은 바로 이 자리에서 그가 우상으로 섬기던 존 F. 케네디 대통령과 만나는 영광을 누리게 되었다. 청소년 빌 클린턴은 존 F. 케네디 대통령을 만난 이후 더욱 대통령이 되겠다는 야망을 가슴에 꼭꼭 품어두고 날마다 그의 행동을 따라서 하고 닮기를 원했다. 빌 클린턴은 케네디 대통령을 벤치마킹

했던 것이다.

벤치마킹 결과 빌 클린턴은 케네디처럼 40대의 젊은 나이에 미국의 대통령에 당당하게 당선되었고, 그것도 재선에 성공한 몇 안되는 대통령이 되는 영광을 누렸다.

성공하고 싶다면 아인슈타인이 뉴턴을, 빌 클린턴이 케네디를 벤치마킹한 것처럼 자신이 닮고 싶은 성공적인 인물을 벤치마킹하라. 그러면 그를 뛰어넘는 결과를 이뤄낼 수도 있고, 혹 그렇지 못하더라도 그와 비슷한 결과를 이뤄낼 수 있을 것이다.

자신만의 금언을 가져라

강철왕 앤드류 카네기는 가장 성공한 기업인으로 지금도 전 세계에 회자되고 있다. 그리고 그는 미국인들에게 존경받는 인물로 남아있다. 그가 미국 경제 발전에 기여하고 돈을 많이 번 훌륭한 기업가여서가 아니다. 오히려 그는 돈을 잘 씀으로써 훌륭한 기업인으로, 기부문화를 일으킨 장본인으로 미국 국민의 추앙을 받고 있는 것이다.

그는 1835년 스코틀랜드의 한 가난한 집 아들로 태어났다. 가난으로 인해 학교도 제대로 다니지 못하고 돈을 벌기 위해 일을 해야만 했다. 그의 나이 13세 때 그의 아버지는 미국으로 가자고 했고, 그렇게 해서 가족이 미국으로 이주했다. 미국은 그의 가족에게 있어 꿈의 나라였다.

미국에 온 카네기는 돈을 벌기 위해 일을 했다. 일은 고됐지만 그는 꿈을 잃지 않았다. 그는 피츠버그 전신회사 전보배달원이 되었고, 실력을 기르기 위해 닥치는 대로 책을 읽었다. 카네기는 자신의 꿈을 이루기 위해 차근차근 기회를 만들어 나갔다. 그리고 그는 수많은 정보를 입수한 끝에 미래에는 철강 산업이 붐을 일으킬 것을 예감하고 영국에서 제강에 대한 공부를 했다. 그리고 다시 미국으로 돌아와 제강 회사를 설립하고 본격적으로 철강 산업에 뛰어들었다. 그는 자신의 성공적 비전을 위해 금언을 만들어 매일 묵상하며 자신의 신념을 굳건히 다졌다.

카네기의 성공 금언 20

01 많이 구하면 많이 얻을 것이다. 많이 일하면 더 큰 것을 얻을 것이다.

02 책임자에게 적은 월급을 주는 대신 주식으로 지불할 수 있는 거액의 특전을 준다.

03 큰 이익을 얻으려면 품질 좋은 기계로 대량생산주의를 구축한다. 모든 직원에게 많은 월급을 주고, 생산 원가를 싸게 한다.

04 기계와 약품 같은 비품을 소중히 여긴다.

05 매일 업무 결과를 보고 받는다.

06 돌발 상황에 항상 대비한다. 소문과 비평에 흥분하지 않고 절대 흔들리지 않는다.

07 수익금은 재투자한다.

08 스스로 노력하지 않는 자를 돕는 것은 무익한 일이다. 스스로 노력하는 자를 도울 것이다.

09 재산을 얻는 것만으로는 가치가 없다. 그것을 뜻있게 쓰는 것이 가치를 극대화하는 것이다.

10 사업은 고상하고 진지한 기쁨이다. 그것은 평화와 이상과 같다.

11 사치는 개인을 망치고 인류를 망치게 하는 요인이다.

12 모방하지 말고 창조하라. 그리고 남보다 앞서 나가라.

13 남에게 끌려다니는 월급쟁이 근성을 가진 사람은 성공할 수 없다.

14 고용되어 회사를 위해 일하는 것이나 자신의 사업을 위해 일하는 것은 마찬가지다.

15 깊이 생각할 줄 모르거나 과단성 없는 자는 성공할 수 없다.

16 저축하라. 성공을 이끄는 것은 저축이다. 저축하지 않으면
   성공할 수 없다.

17 하고자 하는 일은 시작하기 전에 충분히 검토하라.

18 강인한 신념과 큰 이상을 가져라.

19 믿는 일, 하고자 하는 일은 자신 있게 하라. 도중에 절대 포기
   하지 말고 성공할 때까지 밀고 나가라.

20 노력하지 않는 자를 돕는 것은 죄악이다.

카네기는 20가지 금언을 만들어 매일 묵상하고 스스로 지켜나
간 끝에 성공할 수 있었다. 카네기의 금언은 그에게 더욱 강인한
신념을 갖게 했고, 그를 어려움과 위기로부터 지켜준 '마음의 비
타민'이었다. 이것이 비단 카네기만의 일이었을까?

아니다. 성공한 사람들은 반드시 자신만의 금언이나 좌우명이
있었다.

"나는 전 세계의 각 가정에 컴퓨터를 설치할 것이다. 나는 반드
시 그렇게 할 것이다."

이는 세계 제일의 부자이자 컴퓨터 업계의 황제인 빌 게이츠가
10대 때부터 지켜온 금언이다. 그는 자신의 금언대로 성공을 거두
었다.

"나비처럼 날아서 벌처럼 쏠 것이다."

이는 너무도 유명한 말로 권투를 좋아하는 사람이라면 누구나 한번쯤은 들어보았을 것이다. 이 말은 세계 프로복싱 역사에서 가장 뛰어난 선수로 평가받는 무하마드 알리가 한 말이다. 그는 자신의 말대로 헤비급 선수지만 플라이급 선수 같은 빠른 몸놀림으로 조지 포먼, 조 프레이저 같은 쟁쟁한 선수들을 제치고 세계헤비급 챔피언을 무려 3차례나 석권한 전무후무한 기록을 남겼다.

빌 게이츠나 무하마드 알리의 경우에서 보듯 성공한 이들은 자신만의 금언과 좌우명을 마음에 새기며 힘들고 어려울 때마다 자신을 이겨냈다. 꿈과 용기를 주는 한마디 말은 그 어떤 것보다 큰 힘을 준다.

성공하고 싶은가?

그렇다면 지금 당장 자신만의 금언을 만들어라. 그리고 자신의 눈에 제일 잘 띄는 곳에 붙여 매일 묵상하고 실천하라. 그러면 반드시 자신이 원하는 것을 얻을 것이다.

언제나 할 수 있다고 믿어라

성공적인 인생과 그렇지 못한 인생의 차이는 같은 일을 놓고도

믿음이 부족하기 때문에 도전하길 두려워하는 바,

나는 스스로를 믿는다.

가능성을 말하느냐, 불가능성을 말하느냐에 대한 관점에서 온다. 성공한 인생들의 공통적인 특징은 그 어느 때라도 가능성을 믿었다는 것이다. 그러나 대개의 사람들은 불가능의 늪에 빠져 허우적거리며 불가능의 노예가 되었다는 것이다. 불가능은 있다고 믿는 것과 불가능은 없다고 믿는 것은 '있다, 없다'의 단 한 글자의 차이지만 인생의 차이는 수만 길이나 벌어진다는 것을 잊어서는 안 된다. 당신이 진정 성공을 꿈꾼다면 그 어느 때든 가능성을 믿어라.

자신감이 넘치는 사람은 불가능을 믿지 않는다. 불가능을 믿는 것은 자신감이 없기 때문이다. 자신감은 성공적인 인생으로 살아가는 데 있어 '필수 요소'이다. 그러므로 어떤 일을 성공적으로 이끌어 내기 위해서는 반드시 자신감을 가져야 한다. 그리고 자신에게 할 수 있다고 믿음을 주어라.

세계적인 스포츠 용품 및 의류회사인 푸마. 푸마는 한때 전 세계 스포츠 용품을 독점할 만큼 번성기를 누렸다. 하지만 혜성처럼 등장한 나이키의 스타 마케팅에 밀려 퇴락의 길을 걷게 되었다. 이때 해결사로 등장한 사람이 바로 요헨 자이츠다. 그는 불과 서른 살에 부사장에 오른 사람이다. 그런 그가 푸마의 새로운 CEO가 되었다. 그는 위기에 빠진 회사를 구하기 위해 특단의 방법을 강구했다. 그는 브랜드 재건을 위해 박리다매(薄利多賣)의 판매 전략을 버리고 고급스러움을 강조하며 타사와의 차별화를 시도했다.

그 결과 그의 예상대로 고급화의 이미지 부각에 성공을 거두었다. 그리고 그는 유행에 따른 새로운 디자인을 도입하는 등 패션을 상품화하는 데 전력을 투구했으며 〈보그〉지에 대대적인 광고 마케팅은 물론 할리우드 영화사를 주주로 참여시키고, 브래드 피트 등 스타들에게 푸마 운동복을 입히는 스타 마케팅으로 젊은 고객층 확보에 성공했다. 그리하여 위기에 처했던 회사는 다시 일어섰고, 그는 영국의 〈파이낸셜타임스〉가 선정하는 '올해의 전략가'에 3회 연속 선정되었다.

탁월한 한 사람의 CEO는 수십만 명의 직원들을 먹여 살린다. 요헨 자이츠는 어린 나이에도 불구하고 충만한 자신감에서 오는 뛰어난 도전정신으로 성공적인 인생의 길을 걷고 있다.

요헨 자이츠와 같은 자신감을 기르기 위해서 다음의 7가지 방법들을 실천해보길 바란다.

첫째, 지금보다 다른 멋진 환경에서 살아가는 자신의 미래의 모습을 그려라. 그러면 자신이 그렇게 되고 싶어 용기를 갖고 도전하게 될 것이다. 둘째, 소극적인 생각이 들 때마다 스스로를 질책하라. 그리고 반성하라. 셋째, 안 된다는 생각이 들지 않도록 부정적인 생각의 싹을 잘라버려라. 넷째, 자신보다 나은 사람에게 주눅 들지 마라. 그 순간 패배자가 된다. 다섯째, "나는 할 수 있다. 반드시 해내고야 말겠다."를 하루에 20번씩 외쳐라. 여섯째, 실패를 두려워하지 마라. 모든 성공은 실패를 딛고 왔음을 기억하라. 일곱째, 해서 안 되는 일은 없다고 믿어라. 현실과 당당하게 맞짱을 뜨는 탱크정신을 가져라.

무엇을 망설이는가?

당신도 할 수 있다. 지금 당장 당신이 가장 잘할 수 있는 일을 찾아보라. 없을 것 같아도 분명히 있다. 지금이란 현실이 못 견디게 당신을 힘들게 하고 아프게 할지라고 결코 좌절하지 마라. 아무리 힘들어도 죽는 것보다는 낫다. 그렇다면 죽을 각오를 하고 무슨 일이든 시도하라. 또한 자신이 하고 있는 일이 보잘것없다고 해도 최선을 다하라. 그리하면 가난한 카네기가 앞이 보이지 않은 캄캄한 현실에서 밝은 미래를 발견하고 성공했듯이 당신도 반드시 당신만의 미래를 활짝 열어가게 될 것이다.

오늘 당장 하라. 아니 지금 당장 시도하라. 그것이 당신에게 주어진 당신만을 위한 인생의 미션임을 잊지 마라.

벤치마킹의 중요성

성공하고 싶다면 자신이 닮고 싶은 성공적인 인물을 벤치마킹하라. 그가 무엇을 잘하고 좋아했는지를 연구하라. 그의 생각을 배워라. 그의 철학을 배워 자신만의 철학을 만들어라. 그리고 그가 했던 것처럼 따라서 하라. 그러면 그를 뛰어넘는 결과를 이뤄낼 수도 있다. 혹여, 그렇지 못하더라도 그와 비슷한 결과를 이뤄낼 수 있음을 믿고 행하라.

17 KINDS OF
SUCCESS
HABITS

CHAPTER 16

변화를
두려워하지 마라

나를 새롭게 변화시켜라

지금보다 더 나은 내일을 위해 시도할 수 없다면 지금보다 더 나은 내일은 결코 없다. 시도하지 않으면 그 어느 것도 얻을 수 없는 게 세상의 이치다. 현재의 자리에 안주하고 싶지 않다면 변화를 가로막는 그 어떤 생각도 행동도 과감하게 끊어버려야 한다. 자신이 갖고 있는 이상의 그릇을 만족스럽게 채우지 못한다면 그 상황에서 벗어나야 한다는 말이다.

사람에센 누구에게나 이상이란 그릇이 있다. 그런데 이상의 그릇은 사람에 따라 크기도 모양도 빛깔도 다 다르다. 왜냐하면 어떤 마인드와 어떤 목표를 갖고 있느냐에 따라 정도의 차이가 나기 때문이다.

그렇다면 바람직한 이상의 그릇은 어떤 것일까?

바람직한 이상의 그릇은 따로 있는 것이 아니다. 자신에게 주어진 이상의 그릇에 자신의 꿈을 실현시킬 수 있도록 자신이 맞추면 된다. 그리고 그 꿈이 잘 실현되었을 때가 가장 바람직한 이상의 그릇이 되는 것이다.

만약, 자신이 이룬 결실이 자신이 가진 이상의 그릇에 담기에 턱없이 부족하다면 이상의 그릇을 가득 채울 수 있도록 새로운 변화를 모색해야 한다. 그런데 알면서도 망설인다는 것은 더 나은 내일로 가는 길을 스스로 막는 결과를 초래하는 것이다.

사람들과 이야기를 해보면 대부분 누구나 지금보다 더 나은 자신의 세계를 꿈꾼다. 하지만 그걸 알면서도 더 이상 지금을 넘어서지 못하는 것은 새로운 변화에 대해 두려움을 갖고 있기 때문이다.

두려움은 새로운 변화를 시도하는 이들에겐 최악의 적이다. 두려움이란 근심을 불러일으키고 걱정이라는 올가미를 씌우는 사슬과도 같다. 두려움이 마음속을 차지하고 앉아 "하면 안 돼!" 하고 자꾸 말을 걸어오면 자신도 모르게 두려움의 사슬에 걸려들고 만다. 그렇게 되면 더 이상 앞으로 나갈 용기를 놓아버리고 지금이란 틀에 갇혀 버리고 만다. 그러면 그것으로 그 사람 이상의 그

롯은 크기를 다하는 것이다. 그렇다면 자신의 마음을 두려움으로 몰고 가는 고민으로부터 벗어나는 것이 급선무다.

　20세기에 가장 성공한 예술가 중 한 사람인 파블로 피카소. 5척의 단신에서 뜨겁게 끓어오르는 열정으로 뛰어난 미술 세계를 선보이며 입체파 미술의 선구자로 세계 미술사에 영원한 전설이 된 그는 누구보다도 치열한 삶을 살았다. 그는 평범한 것을 거부했다. 그가 활동할 당시 프랑스와 북유럽의 화풍은 그에게 아주 매력적으로 다가왔다. 그중에서도 르누아르와 툴루즈 로트렉, 뭉크 등의 개성 넘치도록 독특한 화풍(畵風)은 더욱 그를 매료시켰다. 하지만 그는 똑같은 화풍을 따르는 대신 자신만의 독창적인 화풍을 수립하기 위해 밤을 지새우며 실험을 계속해 나갔다. 그러는 가운데 그는 중세조각이나 화가 고야가 지닌 단순함과 엄격한 화풍에 자신만의 화법을 가미시키면서 한 발 나아가는 진전을 보였다. 그는 어느 한곳의 화풍에 머무르는 것이 아니라 끊임없이 변화를 주도해 나갔다. 그런 그에게 새로운 변화가 찾아왔다. 그것은 세잔의 영향을 받아 그의 그림이 점점 단순화되기 시작한 것이다. 그리고 마침내 그의 작품 중 최고라고 평가받는 〈아비뇽의 아가씨들〉을 그리게 되었다.
　이 그림으로 그는 자신만의 화풍을 만들어내며 세계화단에 독보적인 존재로 거듭났다. 하지만 그는 여기서 만족하지 않고 브라크를 만나 본격적인 입체파 운동을 벌여나갔다.

그는 흐르는 강물처럼 자신을 새롭게 변화시키기 위해 끊임없이 탐구하고 노력을 게을리하지 않았다. 그는 그림뿐만 아니라 판화, 석판화, 벽화, 도자기 등 미술 전 분야에 걸쳐 시도해 나갔다.

피카소는 그림을 완성하는 데 오랜 시간을 들이지 않았다. 보통 한 시간 정도면 충분했다. 대신 영감을 얻고 구상을 하는 데 많은 시간을 쏟았다. 이는 그만의 독특한 그림 작법이라 할 수 있다.

피카소가 그 누구도 흉내 낼 수 없는 자신만의 화풍을 만들어낼 수 있었던 것은 한 자리에 머물지 않고, 작은 성공에 만족하지 않고 늘 새롭게 변화하기 위해 밤낮으로 탐구하고 실험하는 것을 게을리하지 않았기 때문이다.

한때 우리나라 청소년과 젊은이들이 가장 존경하는 CEO 1위, 닮고 싶은 인물 1위로 뽑히며 '컴퓨터바이러스 치료 의사'라는 별칭으로 이 시대의 성공 아이콘이 된 안철수. 그가 젊은이들로부터 가장 존경받는 CEO 1위로 뽑힌 이유는 무엇이었을까?

그 이유는 남들과는 다른 그만의 삶에 있다. 대부분의 사람들은 자신이 원하는 것을 이루면 그것으로 만족한다. 그러다 보니 지금보다 더 나은 새로운 미래가 없다. 그런데 안철수는 늘 새로운 변화를 추구했고 도전해 나갔다.

안철수는 서울대학교에서 의과공부를 마친 후 의사가 되었고 의대교수가 되었다. 그리고 단국대학교 의대 최연소 학과장이 되었다. 그것만으로도 누구에게나 부러움을 살 만하다. 하지만 안철수는 거기에 만족하지 않았다. 그는 컴퓨터를 보자 금방 매료되었고, 독학으로 컴퓨터를 익혔다. 그리고 나아가 컴퓨터 프로그래머가 되고 우리나라 최초로 컴퓨터바이러스 백신 프로그램을 만들었다. 그리고 체계적인 연구를 위해 의사를 그만두고 벤처기업인 '안철수 연구소'를 설립했다. 안철수는 연구소가 자리를 잡자 대표직에서 미련 없이 물러났다. 그리고 또 다시 새로운 변화를 위해 미국으로 유학을 떠나 펜실베이니아 대학에서 공부를 했다. 공부를 마친 그는 한국으로 돌아와 한국과학기술원(카이스트) 석좌교수가 되어 학생들을 가르쳤다. 지금은 정치가로 변신한 안철수. 그의 새로운 도전과 변신은 청소년과 젊은이들에게 나도 하면 될 수 있다는 꿈의 에너지를 불어넣어 주었다. 청소년과 젊은이들은 그런 안철수에게 열광하고 그를 존경하며 닮기를 원한다.

지금의 시대는 끊임없이 변화를 요구한다. 변하지 않으면 남보다 나은 인생을 살 수 없다. 자신이 보다 나은 인생을 살기를 원한다면 피카소와 안철수가 그랬듯이 늘 스스로를 채찍질하고 담금질하는 삶을 견지해 나가야 한다. 가만히 앉아 있는 자에게 삶은 아무것도 주지 않는다. 이것이 인생에 대한 삶의 법칙이다.

두려움에서 벗어나기

사상가 몽테뉴는 "내 생애는 불행으로 가득 차 있을 것처럼 생각했다. 그러나 그 생각은 틀렸다. 내가 생각하는 불행은 그다지 일어나지 않았다."라고 말했다. 이 말은 미리부터 걱정하고 고민할 필요가 없다는 것이다. 하지만 사람들은 무슨 일을 할 때 크게 두 가지를 생각한다. 하나는 '일이 잘 되어야 할 텐데……'라는 걱정과 또 하나는 '일이 안 되면 어떡하지?' 하는 걱정이다. 대부분 후자의 생각을 더 많이 하는 경향이 있다. 이런 마음은 긍정적인 사고방식을 부정적으로 만들어 버리고 불안과 고민의 강물에 빠지게 한다.

노벨 의학상 수상자인 알렉시스 카렐은 "고민과 싸울 줄 모르는 실업가는 일찍 죽는다.'고 했다. 이는 고민을 두려워하지 말고 적극적으로 물리치라는 말이다. 그렇지 않으면 고민에게 패배를 당해 결국은 자신이 하고자 하는 일로부터 실패를 하게 된다는 것이다. 또한 고민이 얼마나 불필요한 것인지에 대해 조셉 F. 몬테규 박사는 "위궤양의 원인은 음식에 있지 않고 인간의 마음이 고민으로 차 있기 때문이다."라고 말했다. 고민이 인간에게 얼마 백해무익(百害無益)한 것인지를 잘 알게 하는 말이다.

그렇다면 어떻게 해야 할까?

아무짝에도 쓸데없는 고민을 마음으로부터 몰아내야 한다.

페니 스토어 창립자인 J. C. 페니는 "나는 전 재산이 없어져도 고민하거나 그러지 않을 것이다. 고민한들 아무 소용이 없기 때문이다. 나는 최선을 다하고 결과는 신께 맡긴다."고 말했다. 이 얼마나 능동적이고 긍정적인 자세인가.

미국의 심리학자 윌리엄 제임스는 "일단 어떤 결단을 내리면 그 다음에 해야 할 일은 오직 실천뿐이다. 그 결과에 대한 책임과 걱정은 완전히 버려야 한다."고 말했다. 이 역시 불필요한 고민을 마음으로부터 몰아내라는 말이다.

J. C. 페니와 윌리엄 제임스의 공통적인 특징은 새로운 어떤 일을 할 땐 두려움에 고민하지 말고 자신이 하는 일에 최선을 다하라는 말이다.

생각해보라. 새로운 변화에 대해 시도하기도 전에 두려워한다면 그 일은 해보나 마나다. 이미 마음에서 패배했기 때문에 실패할 확률이 그만큼 크다. 새로운 변화에서 승리하기를 원한다면 두려움을 없애고 철저히 준비하고 시도하라. 그리고 믿고 행하라. 믿음은 모든 것을 가능하게 하는 긍정의 뿌리다.

변화란 새로운 시도를 통해서만 가능하다.
변화하는 자만이 더 나은 이상을 실현시킬 수 있으며
변화하는 모든 것을 가능하게 해 성공으로 이끈다.

모든 새로움은 변화에서 온다

중국은 사회주의의 낡은 옷을 벗어버리고 과감하게 개혁을 시도한 이래 매년 두 자릿수의 경제성장률을 보이며 세계경제를 주도해나가고 있다. 아직은 미국에 비해 부족하지만 2010년 말 국내 총생산(GDP)에서 일본을 따라잡고 무서운 기세로 변화하고 있다. 중국이 오늘날처럼 변화를 꾀할 수 있었던 것은 덩샤오핑이란 탁월한 지도자가 있었기 때문이다. 작은 거인 덩샤오핑은 가난한 중국을 잘사는 나라로 만들고 싶었다. 그래서 그는 중국의 그어떤 지도자도 실행하지 못한 개혁을 위해 새로운 변화를 시도했다. 그것은 바로 폐쇄주의인 사회주의의 낡은 옷을 과감히 벗어버리는 거였다. 그리고 중국식의 개혁자본주의를 실시했다. 그의 정책은 한마디로 꿈의 혁명이었다.

그 결과 중국은 지긋지긋한 가난의 옷을 벗어버리고 세계경제흐름을 좌지우지할 만큼 개혁에 성공을 거두고 있는 것이다. 이러한 중국 경제계에 특이할 만한 젊은 CEO인 펭 샤오핑이 있다. 그는 태양광전지 웨이퍼(집적 회로를 만들 때 쓰는 얇은 판)를 생산하는 LDK솔라의 회장이다. 그의 나이 34세. 그는 2007년 〈포브스〉가 선정한 중국부호 가운데 6위를 차지했다. 그의 순자산은 38억 달러다. 젊은 나이치고는 상당한 재력가가 아닐 수 없다.

그가 이처럼 될 수 있었던 것은 변화를 두려워하지 않고 새로움을 찾아 끊임없이 도전하는 탐구정신에 있다. 그는 어려서부터 '세계' 속에서 최고가 되고 싶었다. 그는 자신의 미래를 위해 아버지의 권유를 뿌리치고 장시대 외무 역학원에서 국제무역학을 전공했다. 그것은 글로벌 감각을 키우기 위한 그만의 전략이었다. 그리고 그는 일본어와 독일어를 독학으로 배웠고 영어를 배우기 위해 자신이 만난 수많은 외국인들로부터 글로벌 감각을 키워나갔다.

그는 대학졸업 후 장안시 대외무역국에서 직장생활을 시작했지만 3년 만에 안정된 직장에 사표를 내고 나와 창업에 뛰어들며 새로운 변화를 시도했다. 그는 1997년 안전작업복과 장갑, 작업용 안전장비를 생산 수출하는 '리우 싱 실업유한공사'를 설립했다. 그는 거기서 멈추지 않고 유럽여행을 통해 재생에너지 사업에 관심을 기울이게 되었고 LDK솔라를 설립하게 된 것이다. LDK(Light DK Peng)은 '빛의 속도를 뛰어넘다'라는 뜻이다.

그가 34세의 젊은 나이에 크게 성공할 수 있었던 것은 안정된 직업을 버리고 새로운 변화를 시도했기 때문이다. 오늘날의 그가 있기까지 그는 끊임없이 변화했고 지금도 새로운 변화를 꿈꾸고 있다.

변화란 인간의 삶에서 아주 중요하다. 모든 새로운 것들은 새로운 변화에서 오는 것이므로. 그러나 사람들은 그것을 잘 알면서도 그 진실성에 대해 의문을 갖곤 한다. 그 이유는 무얼까?

그것은 믿음이 없기 때문이다. 새로운 변화에 대한 확신이 없기 때문에 그것이 아무리 자신에게 이익이 되는 것이라 할지라도 선불리 그 일에 뛰어들지 못하는 것이다. 그런 불신의 장벽을 과감하게 무너뜨려야만 새로운 변화를 시도해 나갈 수 있는 것이다.

그렇다면 자신을 새롭게 변화시키고 자신이 하는 일을 성공시키기 위해서는 어떻게 해야 할까?

첫째, 시도하라. 시도하지 않으면 아무것도 할 수 없다. 변화란 새로운 시도를 통해서만 가능하다. 둘째, 새로운 변화에는 늘 두려움과 걱정이 따른다. 이는 새로운 것에 대한 실패를 염려하기 때문이다. 새로운 변화를 원한다면 두려움의 사슬에서 벗어나야 한다. 셋째, 성공은 변화를 원하는 자에게 찾아오는 반가운 손님과 같다. 성공하고 싶다면 새로운 변화를 꿈꾸고 실천하라. 넷째, 지금의 자리에 안주하는 것은 더 나은 내일을 포기하는 것이다. 이상을 품고 새로운 변화를 꿈꿔라. 변화하는 자만이 더 나은 이상을 실현시킬 수 있다. 다섯째, 변화는 모든 것을 가능하게 한다. 변화하지 않는 인생은 죽은 인생이다.

동양 명언에 "매일 자신을 새롭게 하라. 몇 번이라도 새롭게 하

라. 내 마음이 새롭지 않고서는 그 어떤 것도 기대할 수 없다."는 말이 있다. 이 말이 의미하는 것처럼 자신이 지금보다 더 나은 미래를 원한다면 날마다 자신을 새롭게 하라.

어떤 시대든 새로운 인생을 원한다는 것을 항상 기억하라.

나를 새롭게 하기

나를 새롭게 하기 위해서는 첫째, 시도하라. 변화란 새로운 시도를 통해서만 가능하다. 둘째, 새로운 변화를 원한다면 두려움의 사슬에서 벗어나야 한다. 셋째, 성공은 변화를 원하는 자에게 찾아오는 반가운 손님과 같다. 넷째, 지금의 자리에 안주하는 것은 더 나은 내일을 포기하는 것이다. 변화하는 자만이 더 나은 이상을 실현시킬 수 있다. 다섯째, 변화는 모든 것을 가능하게 한다. 변화의 힘을 믿어라.

17 KINDS OF
SUCCESS
HABITS

CHAPTER 17

충동을 멀리하고
융통성을 발휘하라

충동적인 행동의 위험성

충동적인 행동은 인간관계에 있어 좋지 않다. 아무리 기분 나쁘거나 급한 상황에 놓이더라도 기분 내키는 대로 행동하는 것은 타인에게 나쁜 인상을 심어주게 되므로 자제해야 한다. 기분 내키는 대로 행동하면 얻는 것보다 잃는 게 더 많다.

충동적인 말과 행동을 하는 사람을 보면 자제력이 약하다. 자제력이 약하다 보니 자신의 마음 하나 추스르지 못한다. 하지만 이성적으로 말하고 행동하는 사람을 보면 자제력이 매우 강하다는 것을 알 수 있다. 이성(理性)은 감정에 치우쳐 기분 내키는 대로 하는 말과 행동을 막아주는 브레이크와 같다.

감정의 위험성을 잘 아는 사람은 감정에 노출되는 것을 극도로 꺼린다. 그래서 아무리 급박한 상황에서도 평정심을 잃지 않고 이성적으로 해결하려고 노력한다. 이성적인 노력은 극단적으로 갈 수 있는 문제점을 사전에 막아주고, 슬기롭게 해결하는 열쇠가 되어 준다. 이에 대한 흥미로운 이야기가 있다.

어느 마을에 온 장사꾼은 며칠 뒤 그곳에서 할인 판매한다는 사실을 알고 그때까지 기다렸다가 물건을 사기로 했다.

"가만, 이 많은 돈을 어떻게 하지?"

장사꾼은 자기가 가지고 있는 많은 돈 때문에 은근히 걱정이 되었다. 자칫 큰돈을 잃어버릴 수도 있기 때문이었다. 그래서 장사꾼은 사람이 잘 안 다니는 곳에 땅을 파고 돈을 묻었다.

다음날 돈을 묻어 두었던 곳으로 간 장사꾼은 깜짝 놀라고 말았다. 꽁꽁 숨겨둔 돈이 감쪽같이 사라지고 만 것이다.

"어, 도, 돈! 내 돈이 어디 갔지?"

그는 얼굴이 하얗게 질린 채 울상이 되어 소리쳤다. 그러나 이내 마음을 가다듬고 곰곰이 생각해 보았다. 하지만 아무리 생각해 봐도 알 길이 없었다. 그런데 저 멀리 떨어진 곳에 있는 집 한 채가 그의 눈에 들어왔다. 그래서 가까이 다가가 보니 그 집 담에 구멍이 뚫려 있다는 사실을 알게 되었다. 그는 그 집에 살고 있는 사람이 그 구멍으로 돈을 파묻는 광경을 훔쳐보고 있다가 나중에 파내어 간 것이 분명하다고 생각했다. 이렇게 생각한 장사꾼은 그 집을 방문하여 그 집에 살고 있는 남자에게 말했다.

"당신은 도시에서 살고 있으니 대단히 머리가 좋겠군요."

"그게 무슨 말입니까?"

집 주인이 의아한 표정으로 말했다.

"난 당신의 지혜를 빌리고 싶어 이렇게 찾아왔습니다."

"왜, 무슨 일이 있나요?"

"네. 사실은 지갑 두 개를 가지고 이 마을로 물건을 사러 왔답니다. 지갑 하나에는 500개의 은화를 넣었고, 나머지 하나에는 800개의 은화를 넣었지요. 나는 그중 작은 지갑을 아무도 모르는 어떤 장소에 묻어 두었답니다. 그런데 나머지 큰 지갑까지 묻어 두는 게 좋을까요?"

"물론이지요. 나라면 작은 지갑을 묻어 둔 곳에 큰 지갑도 묻어 두겠소."

집주인은 거리낌 없이 말했다.

"네, 잘 알겠습니다. 감사합니다."

장사꾼은 이렇게 말하며 그 집을 나왔다.

장사꾼이 가자 욕심꾸러기 남자는 자기가 훔쳐왔던 지갑을 전에 묻혀있던 장소로 가져가 다시 묻어 놓았다. 그 모습을 몰래 지켜보고 있던 장사꾼은 지갑을 무사히 되찾았다.

이 이야기에서 장사꾼의 슬기로운 마음을 잘 알 수 있다. 그는 충동적으로 행동할 수 있는 상황에서도 침착함을 잃지 않았다. 오히려 차분하게 행동함으로써 잃어버린 지갑을 되찾을 수 있었다.

만일 장사꾼이 충동적으로 행동했다면 지갑을 찾지 못했을 것이다. 왜냐하면 집주인이 끝까지 시치미를 뗄 수 있으니까 말이다. 장사꾼의 슬기로운 행동은 누구나 배워야 할 바람직한 자세다. 충동적인 행동을 하지 않기 위해서는 어떻게 해야 할까?

첫째, 충동적인 생각이 들면 천천히 열까지 숫자를 세어라. 그렇게 자주 반복하다 보면 충동적인 행동을 억제할 수 있다. 둘째, 충동적인 친구를 멀리해야 한다. 근묵자흑(近墨者黑)이라 했다. 검은 것에 가까이 하면 자신도 검게 된다. 셋째, 폭력적인 게임이나 책을 조심해야 한다. 자신도 모르게 마음속에 잠재될 수 있기 때문이다.

이 세 가지의 방법을 마음에 담아 익히면 어떤 상황에서도 서두르지 않고, 무리하지 않고, 차근차근 대처하게 됨으로써 그 상황을 슬기롭게 극복하게 될 것이다.

《탈무드》에는 정도가 지나치지 말아야 한다는 경구가 많이 나온다.

"세상에는 도가 지나치면 안 되는 것이 여덟 가지가 있는데, 그것은 여행, 여자, 성(性), 부, 일, 잠, 약, 향료다."라는 말이 있다. 또한 "일생에 한 번 오리고기, 닭고기를 실컷 먹고 다른 날은 굶주리기보다는 일생을 양파만 먹고 사는 것이 낫다."는 말도 있다.

이 두 가지의 말에서 보듯 아무리 좋은 것, 맛있는 것, 재미있는 것도 지나치면 좋지 않다는 것이다. 즉, 절제력이 있어야 함을 뜻한다.

절제력은 무엇을 하고 싶은 마음을 통제하는 힘이다. 이 사회가 질서를 유지하고 평화롭게 살 수 있는 것은 하지 말아야 할 것들은 자제하고 해야 할 것은 해 낼 줄 아는 절제력이 상존하기 때문이다. 따라서 자신을 절제하는 마음을 기르는 것은 그 무엇보다 중요하다. 자신을 절제하는 마음이 충동적인 행동을 막아주기 때문이다.

융통성 있는 사람 되기

내가 잘 아는 지인 가운데 L이라는 사람이 있다. L은 어떻게 보면 줏대가 없어 보이지만 그의 주변엔 많은 사람들이 있다. 우리가 보통 하는 말로 그는 사람이 좋다는 말을 많이 듣는다. 그의 일면을 보여주는 에피소드가 있다.

한 친구가 그에게 와서 자신과 싸운 친구에 대해 말하며 자신이 억울하다고 말하면 L은 아무 소리도 않고 들어준다. 그리고 다 듣고 나서 말한다.

"얘기를 듣고 보니 자네가 억울하기도 하겠다."

그의 얘기를 듣고 이야기를 한 친구는 기분 좋은 얼굴로 돌아간다. 그러면 이번엔 또 다른 친구가 와서 자신이 억울하다며 침을 튀겨가며 말한다. 그러면 L은 아무 말 없이 얘기를 듣는다. 그리고 다 듣고 나서는 먼저 친구에게 했듯이 말한다. 그러면 그 친구역시 기분 좋게 돌아간다.

L이 취한 행동에 싸웠던 두 친구는 자신이 옳았다는 만족감에더 이상 상대방에 대해 이러쿵저러쿵 말하지 않는다. L은 중간 입장에서 어느 한쪽도 화내지 않고 자신들의 마음을 풀게 했던 것이다. L의 이러한 말과 행동은 사람들 사이에서 자신을 융통성 있는슬기로운 사람으로 인식하게 했다. 융통성은 극단적으로 치달을수 있는 상황을 막아주는 삶의 수단으로 부족함이 없다.

융통성은 현실을 지혜롭게 살아가는 현명한 처세술이라고도 할 수 있다. 융통성이 좋은 사람은 같은 상황에서도 슬기롭게 극복하는 기술이 뛰어나다. 하지만 융통성이 없는 사람은 꽉 막힌 벽과 같아 슬기롭게 넘어갈 일도 그르치는 일이 왕왕 있다.

"어느 길을 행진하고 있는 군대가 있었다. 길 오른쪽엔 눈이 내리고 있는데 얼어 있었다. 왼쪽은 불바다였다. 이 군대가 만일 오른쪽으로 가면 얼어버리고, 왼쪽으로 가면 타버리고 만다. 한가운데는 따뜻함과 서늘함을 적당히 얻을 수 있는 길이었다."

이는 《탈무드》에 나오는 이야기이다.

이 이야기는 길 한가운데로 갈 것을 암시하며 극단적인 것을 피하라는 의미를 담고 있다. 그렇지 않으면 얼어붙은 추운 길로 가거나 불길이 치솟는 길로 갈 수밖에 없다. 그런데 문제는 융통성을 갖는다는 것은 말처럼 쉽지 않다는 것이다. 성격적으로 맞지 않으면 잘할 수 없는 게 융통성이기 때문이다. 오늘날과 같은 다양한 사회에서 가장 살아가기 쉬운 사람이 융통성이 좋은 사람이다.

융통성을 기르기 위해서는 어떻게 하는 것이 좋을까?

첫째, 어떤 일에 있어 자신만이 옳다고 주장하지 말아야 한다. 그것은 오히려 자신에게 상처가 될 수 있다. 둘째, 한쪽으로 치우치지 않는 마음으로 행동해야 한다. 한쪽으로 치우치지 않는 마음은 슬기롭게 살아가는 좋은 방법이다. 셋째, 양보하고 타협하는 마음을 길러야 한다. 양보와 타협은 결정적인 순간 좋은 결과를 가져다준다. 넷째, 상대를 이해하고 배려하는 자세를 가져야 한다. 그것이 손해 같아도 결국엔 자신에게 이익으로 돌아온다.

융통성은 자신감 없는 사람이 선택하는 비굴한 방법이 아니다. 복잡 다양한 현대사회에서 때론 가장 필요로 하는 삶의 지혜이다.

융통성 있는 사람이 되라.

처세술로써의 융통성

융통성은 현실을 지혜롭게 살아가는 현명한 처세술이다. 융통성은 자신감이 없는 사람이나 하는 술수라고 말하는 사람도 있다. 그러나 이는 잘못된 생각이다. 융통성이 좋은 사람은 같은 상황에서도 슬기롭게 극복하는 지혜가 뛰어나다.

하지만 융통성이 없는 사람은 꽉 막힌 벽과 같아 슬기롭게 넘어갈 일도 그르친다. 그러므로 융통성은 반드시 길러야 하는 삶의 기술이다.

부록

신념형 마인드 12가지

01

우리가 계획한 사업을 시작하는 데 있어서의 신념은 단 하나이다.
지금 그것을 하라. 이것뿐이다.

-윌리엄 제임스

02

담대하라. 그리하면 어떤 큰 힘이 당신을 도와주려 할 것이다.

- 베이실 킹

03

가능하다고 믿는 사람이 반드시 승리한다.

-랠프 왈도 에머슨

04

자신이 만일 패배의 마음을 갖고 있다면
그런 마음을 자신에게서 뿌리 뽑아야 한다.
그것은 패배를 생각하며 패배를 맛보게 하기 때문이다.
그러므로 패배를 믿지 않는 태도를 가져야 한다.

-노만 빈센트 필

05

우리들의 중요한 임무는 멀리 있는 것이 아니라
희미한 것을 보는 것이 아니라
가까이 있는 분명한 것을 실천하는 것이다.
-토마스 칼라일

06

오늘이란 날은 두 번 다시 오지 않는다는 것을 잊지 마라.
-A. 단테

07

인생은 짧다. 작은 일에 얽매이지 마라.
-B. 디즈레일리

08

인생은 작게 살기에는 너무나 짧다.
-R. 키플링

09

우리의 인생은 우리의 생각에 이해 만들어진다.
-마르크스 아우렐리우스

10

화내는 사람은 독으로 가득 차 있다.

-공자

11

인간은 남에게 선을 행할 때 자신에게 최선을 다하는 것이다.

-벤자민 프랭클린

12

대부분의 사람들은 자신들이 행복해지려고 결심한 만큼
꼭 그만큼만 행복해진다.

-에이브러햄 링컨

삶을 새롭게 변화시키는
참 좋은 말 102가지

01

지혜는 그것을 이용하려고 하는 자의
머리 위에서만 반짝인다.

02

울어도 눈물이 나오고 웃어도 눈물이 나온다.
그러나 웃어서 나오는 눈물은 눈이 빠개지는 법이 없다.

03

휴일이 인간에게 주어진 것이지
인간이 휴일에 주어진 것은 아니다.

04

인간은 자주 일손을 멈춤으로 해서
도리어 큰 것을 만들어 낸다.

05

자주 그림에서 떨어져
화면을 바라보아야 한다.

06

책은 읽는 것이 아니라 배우는 것이다.

07

묻는 것은 배움의 첫걸음이다.

08

모르는 것을 묻지 않는 것은 쓸데없는 오만이며
아무것도 아니다.

09

가르침을 무턱대고 받아들이는 사람은 권력을 부패시킨다.

10

자기에게 가장 좋은 선생은 자기 자신이다.

11

불손한 호기심은 하나님이
인간에게 보낸 훌륭한 안내자이다.

12

오줌이 마려우면 화장실에 가라.

13

쇠를 벼리기 위해서는 쇠를 쓰고,
인간을 단련하기 위해서는 인간을 쓴다.

14

칼을 쓸 땐 또 다른 칼을 쓴다.

15

좋은 의견에는 주인 없다.

16

비판은 가장 단단한 바위도 부순다.

17

돈은 악이 아니며 저주도 아니다.
돈은 사람을 축복하는 것이다.

18

돈은 하나님의 선물을 살 기회를 준다.

19

사람에게 상처를 주는 세 가지는 고뇌, 다툼, 빈 지갑이다.
그중 빈 지갑이 사람에게 가장 큰 상처를 준다.

20

몸의 모든 부분은 마음에 의존한다.
그리고 마음은 지갑에 의존한다.

21

돈은 사람들 사이를 굴러다녀서 둥글다.

22

돈은 비료와 같다. 쓰지 않고 쌓아두면 냄새가 난다.

23

인생은 인내와 돈이다.

24

정의를 거스르는 돈벌이는 병을 얻는 것과 같다.

25

자만심과 돈은 사람들을 썩게 만든다.

26

돈은 목적이 아니라 도구이다.

27

돈은 사람에게 참다운 명예를 가져다주지 않는다.
아무리 돈을 벌어도 그것만 가지고는
참다운 명예를 살 수 없다.

28

인생은 현자에게는 꿈, 어리석은 자에게는 게임,
부자에게는 희극, 가난한 자에게는 비극이다.

29

모든 것은 동전처럼 앞뒤의 두 면이 있다.

30

무엇을 보아도 웃지 않는 사람과 무엇을 보거나
웃는 사람을 경계해야 한다.

31

책 쓸 능력이 있는데도 쓰지 않는 사람은
소중한 아이를 잃은 사람과 같다.

32

책을 쓰는 사람은 그 책이 인간의 생활에
도움이 되는지를 잘 의미해야 한다.

33
책을 쓰는 사람은
그 책이 다른 사람의 생각을 흉내 내듯 베낄 것이 아니라
자신의 새로운 생각이 잘 나타나 있는가를
음미해야 한다.

34
책을 읽는 사람은 세 가지 가르침을 지켜야 한다.
책을 가지고 있으면서 읽지 않는 사람,
책에서 유익한 교훈을 끌어내지 못하는 사람,
책을 읽고 자신의 생각을 끌어내지 못하는 사람은
소중한 세 아이를 잃는 것과 같다.

35
한 명의 옛 친구는
열 명의 새 친구보다 낫다.

36
연한 나무는 부러지지 않으나
단단한 나무는 부러진다.

37
돼지는 너무 많이 먹는다.
괴로워하는 사람은 너무 많이 지껄인다.

38

어머니는 베일과 같다.

(아들의 결점을 가려버리기 때문이다.)

39

부정한 혓바닥은
부정한 손보다 더 나쁘다.

40

착한 사람은 술집에서도 악에 물들지 않고
악한 사람은 시나고그(회당)에 가서도
마음을 고칠 수 없다.

41

지식이 얕으면 이내 잃어버린다.

42

돈은 좋은 센스 말고는
무엇이든 살 수 있다.

43

이미 땅 위에 누워 있는 것은 넘어지는 법이 없다.

44

당나귀는 큰 귀로 알아볼 수 있고 어리석은 자는
긴 혓바닥으로 알아볼 수 있다.

45

밀가루 장수와 굴뚝 청소부가 싸우면
밀가루 장수는 까매지고 굴뚝 청소부는 하얘진다.

46

가난한 자는 적이 적지만 부자는 친구가 적다.

47

취한 자는 나쁜 술도 잘 마시고
부정한 자는 더러운 돈도 잘 삼킨다.

48

부자는 의사의 명령이 없는 한 굶주리지 않는다.

49

고난은 강한 약과 같다.
한꺼번에 너무 많이 먹으면 안 된다.

50

행운에서 불운으로 가는 길은 가깝고
불운에서 행운으로 가는 길은 멀다.

51

사람에게 비밀을 알아내기는 쉬워도
그 비밀을 지키기는 어렵다.

52

자기보다 현명한 사람에게 지는 것이
자기보다 어리석은 자에게 이기는 것보다 낫다.

53

모욕에서 몸을 피하라.
그러나 명예를 좇지 말라.

54

날마다 오늘이 마지막 날이라고 생각하라.
날마다 오늘이 첫날이라고 생각하라.

55

세상에는 언제나 더 큰 불행이 있다는 것을 생각하라.

56

누구나 거울 속에서
자기가 가장 좋아하는 사람을 본다.

57

자선을 하지 않는 사람은 아무리 큰 부자라도
맛있는 요리를 늘어놓은 식탁에
소금이 없는 것과 같다.

58

당신의 친구가 꿀처럼 달더라도
모두 마셔버리면 안 된다.

59

친구가 화가 나 있을 때 달래려고 하지 마라.
슬퍼하고 있을 때 위로하지 마라.

60

평판은 가장 좋은 소개장이다.

61

표정은 최고의 밀고자이다.

62

질투는 천 개의 눈을 가지고 있다.
그러나 한 개도 바로 보지 못한다.

63

부는 요새고 빈곤은 폐허이다.

64

만나는 사람 누구에게나 무엇인가를
배울 수 있는 사람이 세상에서 가장 현명한 사람이다.

65

많은 사람은 생각에서 달아나기 위해 책을 읽는다.

66

입보다는 귀를 높은 자리에 두어라.

67

지혜를 에워싸는 담은 침묵이다.

68

간사함은 고양이처럼 사람을 핥는다.
그러다가 사람을 할퀸다.

69

나무는 그 열매로 알려지고 사람은 일로 평가된다.

70

가장 중요한 것은 연구가 아니라 실천이다.

71

사람은 상황에 따라
명예가 올라가는 것이 아니라
사람이 그 상황의 명예를 높이는 것이다.

72

반성하는 사람이 서 있는 땅은
가장 훌륭한 랍비가 서 있는 땅보다 존귀하다.

73

국민의 소리는 하나님의 소리이다.

74

거짓말쟁이에게 주어지는 가장 큰 형벌은
그가 진실을 말했을 때에도
사람들이 믿지 않는 것이다.

75

어떤 사람은 젊었어도 늙었고
어떤 사람은 늙었어도 젊다.

76

자기 결점만 신경 쓰는 사람은
남의 결점을 알아차리지 못한다.

77

먹는 것을 장난감으로 다루는 사람은
배고픈 자가 아니다.

78

하루를 공부하지 않으면 그것을 되찾는 데 이틀이 걸린다.
이틀을 공부하지 않으면 그것을 되찾는 데 나흘이 걸린다.
일 년을 공부하지 않으면 그것을 되찾는 데는 이 년이 걸린다.

79

눈이 보이지 않는 것보다 마음이 보이지 않는 것이 더 무섭다.

80

강한 사람은 자신을 억제할 수 있는 사람이다.

81

넉넉한 사람은 자기가 가진 것으로 만족할 수 있는 사람이다.

82

만일 친구가 채소를 가지고 있으면 육류를 주어라.

83

남이 자기를 칭찬해도 자기 입으로 자기를 칭찬하지 마라.

84

행동은 말보다 소리가 크다.

85

연애하는 사람은 남의 충고에 귀 기울이지 않는다.

86

포도주는 새것일 때엔 포도주 맛이 난다.
그러나 오래 묵으면 묵을수록 맛이 좋아진다.
지혜도 마찬가지이다. 나이 들어 지혜는 깊어진다.

87

향수 가게에 들어가 아무런 향수를 사지 않더라도
가게를 나왔을 때는 향수 냄새가 난다.

88

칼을 들고 일어서는 자는 글을 가지고 일어설 수가 없다.
글을 가지고 일어서는 자는 칼을 가지고 일어설 수 없다.

89

자기를 아는 것이 최대의 지혜다.

90

값비싼 진주가 없어져 이것을 찾기 위해
아무런 가치도 없는 양초가 쓰인다.

91

기억을 증진하는 가장 좋은 방법은
반복하는 것이다.

92

항아리를 보지 말고
속에 들어 있는 것을 보라.

93

죄는 처음에는 여자처럼 약하지만
내버려 두면 남자처럼 강해진다.

94

죄는 처음에는 나그네다.
그러나 그대로 두면 나그네가 집주인이 되고 만다.

95

고기는 언제나 입으로 낚인다.
인간도 역시 입으로 걸린다.

96

인간의 입은 하나 귀는 둘이다.
이것은 듣기를 배로 하려고 하는 것이다.

97

여우의 머리가 되느니 사자의 꼬리가 되라.

98

좋은 단지를 가지고 있으면 그날 중에 사용하라.
내일이면 깨져버릴지도 모른다.

99

정직한 사람은 자기를 지배하지만
정직하지 않은 사람은 욕망에 지배당한다.

100

타인의 자비로 사느니 가난한 생활을 하는 것이 더 낫다.

101
세상에는 도를 넘으면 안 되는 것이 여덟이 있다.
여행, 여자, 부, 성, 일, 수면, 약 그리고 향료다.

102
단지 하나에 들어간 한 개의 동전은 시끄럽게 소리를 내지만
동전이 가득한 단지는 조용하다.

성공의 필수 조건
좋은 습관 갖기

좋은 습관은 자신의 인생을 지금보다 더 나은 삶으로 변화시키는 참 좋은 무형의 자산이다. 좋은 습관을 들이는 데는 학력도, 돈도, 배경도 필요치 않다. 오직 좋은 습관을 들이기 위한 본인의 노력만 있으면 된다.

나쁜 습관은 노력 없이도 쉽게 들이지만 좋은 습관을 들이기 위해서는 많은 노력이 필요하다. 가령 독서의 습관을 들이기 위해서는 꾸준히 책을 읽는 노력이 필요하다. 놀러가고 싶은 것도 때론 참아야 하고, 하고 싶은 것도 참아야 하고, 잠을 줄여서라도 책을 읽어야 한다. 책 읽는 시간을 갖지 않으면 독서습관은 절대 들일 수 없다. 그리고 건강한 몸을 갖기 위해서는 자신에게 잘 맞는 운동을 정해 꾸준히 운동하는 습관을 들여야 한다. 힘들거나 귀찮다고 하는 둥 마는 둥 하면 운동하는 습관을 들일 수 없다.

양약이 입에 쓰지만 몸에는 좋은 것처럼 좋은 습관을 갖는다는 것은 그만큼 힘이 든다. 좋은 것은 그냥 얻어지는 것이 아니다. 열정을 갖고 힘써서 해야 그 대가가 주어지는 것이다.

링컨, 벤저민 프랭클린, 빌 게이츠 등은 책 읽는 좋은 습관으로 인해 자신의 인생을 성공적으로 만들었고, 조지 워싱턴 어머니, 엔리코 카루소 어머니, 안데르센 어머니는 칭찬과 격려의 습관으로 자녀를 성공적인 인물로 키웠다. 칸트, 칼라일 등은 시간을 아껴 쓰는 습관으로 성공적인 인물이 되었으며, 나이팅게일, 마더 테레사 수녀는 남을 위해 봉사하는 습관으로 인류의 영원한 빛이 되었다.

좋은 습관은 들이기는 힘들어도 일단 몸에 배면 평생을 간다. 노력을 뛰어넘는 재능이 없는 것처럼 좋은 습관을 뛰어넘는 성공 조건은 없다. 좋은 습관이야말로 성공의 필수 조건이다.

당신의 인생을 성공으로 이끌고 싶다면 좋은 습관을 들여라. 그것이 딩신이 성공석인 인생이 되게 하는 최선의 길이다.